Zebra 3

Lesen / Schreiben
Für die Ausleihe

Neubearbeitung von
Susanna Eckhoff
Andreas Körnich
Maren Labs
Sonja Liebner-Möller
Saskia Ruff

Beratung von
Salomé Dick
Dr. Christina Köpp

Ernst Klett Verlag
Stuttgart • Leipzig

Inhalt

Inhalt

Geistesblitze und Lerngewitter

Mit Sprache spielen

→ LE S. 5

○ **1** In jeder Reihe ist ein Wort, das nicht passt.
Schreibe das Wort auf.

R: S. 5 Nr. 1
1: Papier
2: ...

1	Kreide	Kugelschreiber	Papier	Stift	Füller
2	Filzstift	Buntstift	Wachsstift	Filzhut	Bleistift
3	Schere	Radiergummi	Lineal	Handy	Kleber
4	Mathematikbuch	Lesebuch	Sprachbuch	Kochbuch	Wörterbuch

○ **2** Bilde Wörter. Schreibe sie auf.

R: S. 5 Nr. 2
Kreise, ...

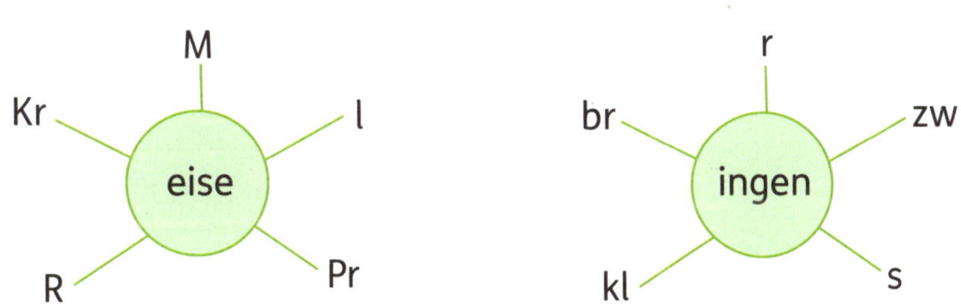

○ **3** Lies die Wörter. Lass immer den ersten Buchstaben weg.
Schreibe auf.

R: S. 5 Nr. 3
Raum, ...

Traum | Tasche | Glocke

Ameise | Fliege | Bruder | Preis

Stier | Fall | Drachen | Stau

→ LE S. 6/7

Gesprächsregeln aufstellen

Gesprächsregeln helfen euch, Streit in der Klasse zu vermeiden.
So legt ihr Regeln fest:
- Sammelt Ideen und schreibt sie auf.
- Besprecht, welche Regeln für euch wichtig sind.
- Einigt euch und schreibt die Regeln auf ein Plakat.

1 Die Klasse 3b hat Gesprächsregeln aufgestellt.
Schreibe sie passend auf.

R: S. 6 Nr. 1
Ich melde mich, wenn ich
etwas sagen möchte.
Ich ....

Ich melde mich,	wenn jemand spricht.
Ich spreche laut und deutlich,	wenn ich etwas nicht verstanden habe.
Ich bleibe beim Thema,	wenn ich etwas sagen möchte.
Ich höre zu,	damit mich jeder versteht.
Ich frage nach,	wenn ich etwas erzähle.

2 Findet ihr noch eine weitere wichtige Regel?
Schreibt sie auf.

3 Einigt euch auf Gesprächsregeln in eurer Klasse.
Schreibt sie auf ein Plakat.

→ LE S. 10

Stolperwörter finden

1 In jedem Satz ist ein Stolperwort, das nicht passt.
Schreibe es auf.

R: S. 7 Nr. 1
Z1: loben
Z2: ...

1 Max und Erina lieben loben in der Schule die Pausen.
2 Dann ziehen sie er schnell ihre Schuhe und ihre Jacken an.
3 Nun geht es runter hoch auf den Schulhof.
4 Einige Länder Lehrer stehen als Aufsicht auf dem Hof.
5 Kinder der vierten Klasse teilen das die Pausenspielsachen aus.
6 Manche Kinder springen mit Seilen Autos.
7 Andere Kinder fahren spielen mit dem Ball.
8 Am Klettergerüst klettern schwimmen viele Jungen und Mädchen.
9 Manchmal gibt es er auch Streit.
10 Dann kommt geht ein anderes Kind und versucht den Streit zu schlichten.
11 Wenn es läutet, laufen essen alle wieder in das Schulgebäude.
12 Dann geht der Unterricht fertig weiter.

2 Lies die Sätze einem Partner richtig vor.

3 Lies die Sätze.
Finde in jedem Satz den falschen Buchstaben.

1 In der Schole lernen wir viele Sachen.

2 Bücher losen macht viel Freude.

3 Rechnen macht besonders viel Speß.

4 Mit dem Föller schreibe ich Geschichten.

5 Die Pausen sind besunders schön.

6 In den Fluren hängen unsere Balder.

7 Im Werkraum sögen wir Holz.

8 In Musik haben wir laute Trummeln.

9 In der Tarnhalle spielen wir Ball.

4 Schreibe jeden Satz richtig auf.

R: S. 7 Nr. 4
1: In der Schule ...
2: ...

→ LE S. 12/13

Vermutungen zu einem Text anstellen

Überschriften und Bilder verraten dir oft schon etwas über den Inhalt eines Textes.

- Lies die Überschrift und sieh dir die Bilder an.
- Vermute, worum es in dem Text geht. Tausche dich mit anderen aus.
- Lies den Text.
- Prüfe danach: Waren deine Vermutungen richtig?

1 Worum geht es in der Geschichte? Vermute.

R: S. 8 Nr. 1
Ich vermute, in der
Geschichte geht es um ....

Karla ist stark

2 Lies nun die Geschichte.

In der Klasse ist es laut. Leon hat Mira in die Seite geboxt. Mira weint.
Nun stellt Leon Lukas ein Bein. Lukas schreit laut.
Dann nimmt Leon Paulas Füller und wirft ihn gegen die Wand.
Der Füller ist kaputt. Leon lacht und geht an die Tafel.
In großen Buchstaben schreibt er: Ich bin der starke Leon!
Stolz sieht er sich um. Alle haben Angst vor ihm.
Da kommt Karla ins Klassenzimmer.
Sie sieht sich in der Klasse um und liest den Satz an der Tafel.
Dann geht Karla auf Leon zu. Was wird sie machen?
In der Klasse wird es ruhig.
Karla wischt ein Wort weg und schreibt ein neues.
Jetzt steht an der Tafel: Ich bin der einsame Leon!
Die Klasse lacht. Leon wird knallrot.
Er setzt sich schnell auf seinen Platz.

3 Waren eure Vermutungen richtig? Tauscht euch aus.

→ LE S. 14/15

Eine Geschichte gliedern

Geschichten bestehen aus einer Einleitung, einem Hauptteil und einem Schluss.
- Die Einleitung beantwortet die Fragen: Wer? Wann? Wo?
- Der Hauptteil erzählt genau, was passiert. Er ist der längste Teil der Geschichte.
- Die spannendste Stelle nennt man Höhepunkt.
- Der Schluss rundet die Geschichte ab. Er ist kurz.

○ **1** Lies den Text.

Aufregung im Tierpark

A	Einige Tage später ging es los. Wir fuhren mit dem Bus zum Tierpark. Dort sahen wir Hirsche, Rehe und Esel. Bei den Wildschweinen passierte es: Mein Rucksack fiel in das Gehege. Ich dachte nicht lange nach und kletterte schnell über den Zaun. Plötzlich stand ein Wildschwein vor mir und grunzte böse. Da warf mein Freund sein Wurstbrot über den Zaun. Das Wildschwein fraß es. Nun konnte ich den Rucksack holen und schnell zurückklettern.

B	„Gerade noch einmal gut gegangen!“, dachte ich auf dem Rückweg. Meine Lehrerin schimpfte, aber alle waren froh, dass mir nichts passiert war.

C	Vor einigen Wochen kam meine Lehrerin Frau Rabenstein in die Klasse. Sie rief aufgeregt: „Wir haben einen Ausflug in den Tierpark gewonnen!“

Finde eine Einleitung, einen Hauptteil und einen passenden Schluss.

In der Einleitung steht: Wer? Wann? Wo?
Im Hauptteil steht: Was passiert genau?
Am Schluss steht: Wie endet die Geschichte?

◒ **2** Was ist Einleitung, Hauptteil und Schluss?
Ordne die Buchstaben richtig zu.

R: S. 9 Nr. 2
Einleitung: ...
Hauptteil: ...
Schluss: ...

○ **3** Lies den Text in der richtigen Reihenfolge vor.

→ LE S. 16/17

Eine Geschichte schreiben

○ **1** Lies die Einleitung und den Schluss der Geschichte.

Einleitung

Wie jeden Morgen wartete Karim an Annas Haustür. Sie gingen immer gemeinsam in die Schule.
Heute wollten sie die Abkürzung durch die Gärten nehmen. Sie waren gerade in den Gartenweg eingebogen, da hörten sie plötzlich laute Hilfeschreie.

Schluss

Am nächsten Tag besuchten die beiden Kinder den Mann im Krankenhaus.
Er konnte schon wieder lachen.
„So einen Blödsinn mache ich nie wieder!“, sagte er.

◒ **2** Was könnte passiert sein? Notiere Stichpunkte.

R: S. 10 Nr. 3 z. B.
Erschrocken ...

◒ **3** Schreibe den Hauptteil.

◒ **4** Schreibe eine passende Überschrift zur Geschichte.

R: S. 10 Nr. 4
Überschrift: ...

Überlege dir eine Überschrift.

Macht deine Überschrift neugierig? Verrät sie nicht zu viel?

○ **5** Lies die Geschichte einem Partner vor.

→ LE S. 18/19

Unbekannte Wörter verstehen

Das kannst du machen, wenn du ein Wort nicht verstehst:
- Lies den Satz noch einmal und überlege, was das Wort bedeuten kann.
- Lies weiter. Manchmal wird das Wort später im Text erklärt.
- Erklärt der Text das Wort nicht, schaue im Lexikon oder im Internet nach oder frage nach.

○ **1** Lies den Text.

Was mein Uropa für die Schule brauchte

Vor 70 Jahren hatten alle Kinder einen Tornister. Sie nahmen diesen Rucksack jeden Tag mit in die Schule. Der Tornister war aus festem Leder. Er hatte stabile Lederbänder. Daran war je ein Verschluss, der aussah wie eine Gürtelschnalle. Die Kinder trugen ihren Tornister auf dem Rücken.

Im Tornister waren eine Schiefertafel mit Schwämmchen und der Griffel. Hefte waren teuer. Deshalb schrieb man auf eine Schiefertafel. Der Griffel war der Stift. Wenn der Lehrer korrigiert hatte, wischte man alles wieder ab.

◒ **2** Was bedeuten die markierten Wörter? Lies und schreibe auf.

R: S. 11 Nr. 2
Tornister: Ein Tornister war ein ...
Griffel: Der Griffel ...

◒ **3** Vergleicht eure Erklärungen miteinander.

→ LE S. 20/21

Unbekannte Wörter klären

1 Lies den Text.
Schreibe die Wörter auf, die du nicht verstehst.

R: S. 12 Nr. 1 z. B.
Z3: Dutt
…

Schulkleidung früher

Früher mussten alle Kinder Schulkleidung tragen. Die Mädchen durften ihre Haare nicht offen tragen. Sie mussten die Haare zu einem Dutt formen. Die Mädchen trugen lange Kleider mit Schürzen. Die Schürzen konnten leichter auf dem Waschbrett gewaschen werden. Die Jungen trugen eine Frisur mit einem Scheitel. Sie trugen ein Hemd mit Matrosenkragen. Oft hatten sie kurze Hosen und Wollsocken an.

2 Suche die Erklärung zu den Wörtern im Lexikon, im Internet oder frage nach.

R: S. 12 Nr. 2

Wort: Dutt
Erklärung: Ein Dutt ist …

Erklärung gefunden:
☐ Lexikon
☐ Internet
☐ nachgefragt

3 Vergleicht eure Wörter und Erklärungen miteinander.

4 Sucht weitere Informationen zu Schulkleidung im Internet. Findet Beispiele.

→ LE S.22–25

Einen Text mit Schlüsselwörtern zusammenfassen

Schlüsselwörter sind besonders wichtige Wörter in einem Text.
So helfen dir Schlüsselwörter:

- Du kannst einen Text besser verstehen.
- Du kannst dir wichtige Informationen besser merken.
- Du kannst den Text mit Hilfe der Schlüsselwörter zusammenfassen.
- Du kannst einen Text mit Hilfe der Schlüsselwörter vortragen.

1 Lies den Text. Schreibe die Schlüsselwörter auf.

R: S. 13 Nr. 1
Z1: Unterricht
...

Schule in Australien

In Australien beginnt der Unterricht um 9.00 Uhr und endet um 15.30 Uhr. Alle Kinder sprechen dort Englisch. Deutsch ist für die Kinder eine Fremdsprache. Die Kinder haben, wie in Deutschland, Mathematik, Kunst und Musik. Außerdem haben sie Naturwissenschaften, Geschichte und Erdkunde. Eine Schulstunde dauert 60 Minuten. In der Mittagspause essen viele Kinder Sandwiches*. Meistens essen sie erst am Abend warm. Die Kinder in Australien tragen eine Schuluniform. Kleider, kurze Hosen und T-Shirts sind in der gleichen Schulfarbe. Die Hausaufgaben werden in der Schule erledigt.

2 Vergleicht eure Schlüsselwörter miteinander.

3 Decke den Text ab. Was weißt du über die Schule in Australien?
Erzähle mit Hilfe der Schlüsselwörter.

* Sandwich: ein belegtes Weißbrot

→ LE S. 26

Fragen zu einem Text beantworten

○ **1** Lies den Text.

Schule im Kongo

Abeni wohnt im Kongo. Der Kongo ist ein Land in Afrika.

Jeden Morgen um 6.00 Uhr steht Abeni auf.

Sie wäscht ihr Gesicht mit Wasser aus einem Kanister*.

Dann zieht sie eine weiße Bluse und einen blauen Rock an.

Das ist ihre Schuluniform.

Abeni isst Maisbrei zum Frühstück.

Dann macht sie sich auf den Weg zur Schule.

Nach einer Stunde kommt sie in der Schule an.

Die Schule hat ein Dach aus Wellblech** und keine Außenwände.

Die Kinder sitzen alle in einem Raum.

Ein Lehrer unterrichtet bis zu 40 Kinder.

Er fängt an, einen Text zu diktieren.

Abeni legt das Heft auf den Tisch und schreibt.

Sie lernt, weil sie später in der Hauptstadt Kinshasa studieren möchte.

◒ **2** Beantworte die Fragen. Schreibe ganze Sätze.

R: S. 14 Nr. 2
A: Abeni wohnt ...
B: ...

A Wo wohnt Abeni?

B Wie lange benötigt Abeni für ihren Schulweg?

C Wie viele Kinder unterrichtet ein Lehrer?

D Warum lernt Abeni?

○ **3** Vergleiche deine Antworten mit einem Partner.

* Kanister: ein tragbarer Behälter, mit dem man Flüssigkeiten transportieren kann

** Wellblech: gewelltes dünnes Blech

Das kann ich schon

○ **1** Lies den Text.

A	Der Weg war steil. Plötzlich stolperte Jonas und rutschte ein Stück den Abhang hinunter. Alle Kinder schrien laut auf. Jonas konnte sich an einer Wurzel festhalten. Herr Meier stieg vorsichtig zu Jonas hinunter. Dann kletterte Jonas auf Herrn Meiers Rücken. Stück für Stück kletterten sie wieder nach oben. Als sie oben waren, jubelten alle laut.

B	Gut, dass Jonas nichts passiert war. Die ganze Klasse war glücklich.

C	Letzten Freitag gingen Jonas und Lotta nur mit ihren Rucksäcken in die Schule. Herr Meier wollte mit der Klasse eine Wanderung zum großen Aussichtsfelsen machen.

2 Was ist Einleitung, Hauptteil und Schluss?
Ordne die Buchstaben richtig zu.

R: S. 15 Nr. 2
Einleitung: ...
Hauptteil: ...
Schluss: ...

3 Lies den Text in der richtigen Reihenfolge.
Welche Überschrift passt?

A Nochmal gut gegangen   B Unser Besuch im Zoo   C Ben ist gerettet

---

4 In jedem Satz ist ein Stolperwort, das nicht passt.
Schreibe es auf.

R: S. 15 Nr. 4
Z1: ...
Z2: ...

1 Jeden Morgen gehe ich du in die Schule.

2 Wir beginnen mit aber dem Fach Mathematik.

3 Mein Freund Oskar kann gut alt rechnen.

4 Ich mag schreibe und lese lieber.

5 Am liebsten schreibe ich Geschichten mit über Tiere.

6 Zu Hause lese ich sie er dann meiner kleinen Schwester vor.

7 Darüber freut singt sie sich immer sehr.

Hand aufs Herz

→ LE S. 36/37

Genau lesen

R: S. 16 Nr. 1
A: Liban
B: ...

○ **1** Lies zuerst den ganzen Text.
Wie heißen die Kinder? Schreibe die Namen auf.

A B C D

1 Das Mädchen, das ganz rechts steht, heißt Lisa.

2 Der Junge mit der roten Hose hat einen blauen Kamm in der Hand.

3 Ganz links steht Liban. Er hat lockige schwarze Haare.

4 Sina steht neben ihm. Sie hält einen gelben Kamm in der Hand.

5 Der Junge rechts von Sina trägt eine Brille.

6 Lisa hat blonde Zöpfe. Sie kämmt sich mit einem roten Kamm.

7 Erik steht neben ihr. Er hat kurze glatte Haare. Sie sind rotblond.

8 Das Mädchen mit dem gelben Kamm hat ein lila T-Shirt an.

9 Liban hält einen grünen Kamm in der Hand.

10 Eriks T-Shirt ist hellblau.

11 Sinas Haare sind ganz lang, braun und glatt.

12 Das Mädchen ganz rechts hat eine gelbe Hose an.

13 Der Junge mit den schwarzen Haaren trägt eine braune Hose.

◒ **2** Lies nun Satz für Satz.
Ordne die Sätze den Kindern zu.

R: S. 16 Nr. 2
A: Liban – 3, ...
B: ...

→ LE S. 38/39

Textabschnitte ordnen

○ **1** Lina will einen Smoothie machen.
Schreibe auf, was sie einkauft.

R: S. 17 Nr. 1
1 Orange, ...

○ **2** Das Rezept ist durcheinandergeraten.
Schreibe die richtige Reihenfolge auf.

R: S. 17 Nr. 2
AP ...

FEL — Gib die Früchte in ein hohes Gefäß. Mixe sie vorsichtig mit dem Pürierstab.

NE — Süße den Smoothie eventuell mit etwas Honig.

SI — Gib einen Becher Joghurt zu den pürierten Früchten.

AP — Schäle Orange, Banane, Kiwi und Mango.
Schneide die Früchte klein.

→ LE S. 38/39

Ein Rezept aufschreiben 1

Ein Rezept erklärt, wie etwas zum Essen oder Trinken zubereitet wird.
- Zähle zuerst auf, welche Zutaten du benötigst.
- Beschreibe die Arbeitsschritte kurz und genau.
- Achte auf die richtige Reihenfolge der Arbeitsschritte.
- Schreibe Aufforderungssätze, z. B. Schäle ..., Schneide ...

1 Schreibe das Rezept für das Obstvögelchen auf.
Vervollständige die Sätze.

R: S. 18 Nr. 1
Halbiere die ...

Für ein Vögelchen brauchst du:
1 Birne
1 Banane
1 Kiwi
Blaubeeren und Trauben
Zahnstocher

Obstvögelchen

Halbiere ...

Schäle ...

Stecke ...

Schneide aus der restlichen Birne ...

→ LE S. 38/39

Ein Rezept aufschreiben 2

○ **1** Lest die Zutaten und die Stichwörter zum Rezept. Erklärt euch gegenseitig, wenn ihr etwas nicht versteht.

Apple-Crumble

Zutaten

5 große Äpfel

150 g Mehl

90 g brauner Zucker

1 TL Zimt

90 g kalte Butter

Anleitung

- Äpfel schälen, Kerngehäuse entfernen
- Äpfel in Scheiben schneiden
- Apfelscheiben in gefettete Auflaufform legen
- Mehl, Zucker und Zimt gut mischen
- Butter in Stückchen unterkneten zu Streuseln
- Streusel auf die Apfelscheiben geben
- bei 200 Grad etwa 30 Minuten backen

Verwende passende Verben.

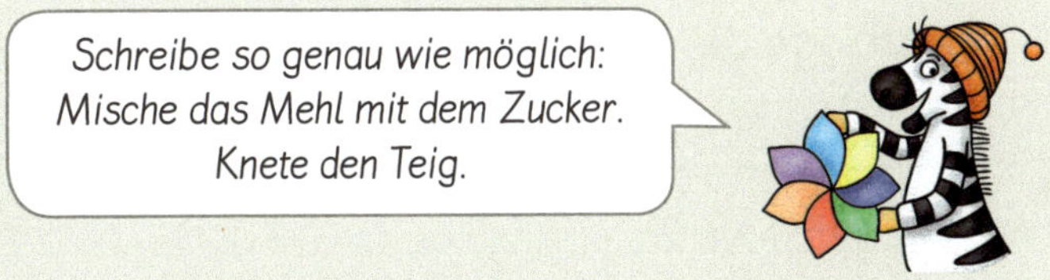

○ **2** Schreibe das Rezept auf. Die Stichwörter helfen dir.

R: S. 19 Nr. 2
Zutaten
Für Apple-Crumble brauchst du
du 5 Äpfel, ...
Anleitung
Schäle ...

→ LE
S. 38/39
S. 60/61

Eine Schreibkonferenz durchführen

In einer Schreibkonferenz bekommst du Tipps, wie du deinen Text verbessern kannst.

- Setzt euch zu einer Gruppe zusammen.
- Verteilt Tippkarten. Darauf steht, worauf ihr bei den Texten achten wollt.
- Lest den Text in der Gruppe vor.
- Die anderen Kinder sagen:
  Was ist gut gelungen? Was kann verbessert werden?

○ **1** Theo hat ein Rezept für Simon aufgeschrieben.
Lies den Text.

Apple-Crumble
Du brauchst ein paar Äpfel, Mehl
und Butter. Die Butter muss kalt sein.
Zum Mehl kommen Zucker und Zimt.
Backform fetten.
Alles zu Streuseln kneten.
Butter in die Mehlmischung.

○ **2** Prüfe den Text mit Hilfe der Checkliste.
Übertrage die Tabelle in dein Heft und ergänze.

R: S. 20 Nr. 2

Text von: Theo	☺	😐	☹
Denke an die Überschrift.			
Schreibe ganze Sätze.			
Halte die Reihenfolge ein.			
Verwende passende Wörter.			
Tipps:			

3 Überprüft eure eigenen Rezepte von Seite 19 in einer Schreibkonferenz:

- Schreibt auf Tippkarten, worauf ihr bei den Rezepten achten wollt.
- Verteilt die Tippkarten.
- Ein Kind liest sein Rezept vor. Die anderen Kinder sagen:
  Was ist gut gelungen?
  Was kann verbessert werden?

Zähle auf, welche Zutaten du brauchst.

Schreibe Aufforderungssätze.

Halte die Reihenfolge ein.

Beschreibe die Arbeitsschritte genau.

4 Schreibe dein Rezept von Seite 19 überarbeitet auf.

R: S. 21 Nr. 4
Apple-Crumble
...

→ LE S. 42/43

Schlüsselwörter erkennen

○ **1** Lies den Text. Schreibe die Schlüsselwörter auf.

R: S. 22 Nr. 1
Z1: Fußballverein
Z2: ...

Fußball

Lilly ist im Fußballverein. Am liebsten wäre sie Torhüterin. Aber ihre Trainerin sagt: „Du bist eine gute Stürmerin!“ Im letzten Spiel konnte Lilly den Ball schon am Mittelkreis erobern. Dann dribbelte sie um drei Mädchen der gegnerischen Mannschaft herum. Sie lief an der linken Außenlinie entlang. Dann schoss sie den Ball in die Mitte. Vor dem Tor stand Marisa. Der Ball landete genau auf deren rechtem Fuß. Marisa schoss und – Tor! Die Mannschaft feierte Lilly und Marisa. Stürmerin zu sein ist doch gar nicht schlecht, denkt Lilly.

○ **2** Vergleicht eure Schlüsselwörter miteinander.

◒ **3** Beantworte die Fragen mit Hilfe der Schlüsselwörter.

R: S. 22 Nr. 3
A: Lilly ist ...
B: ...

A In was für einem Verein ist Lilly?

B Was wäre Lilly am liebsten?

C Wo eroberte sie im letzten Spiel den Ball?

D Wohin schoss Lilly den Ball?

E Wer stand vor dem Tor?

F Wen feierte die Mannschaft?

→ LE S.44/45

Schlüsselwörter nutzen

○ **1** Lies den Text. Schreibe die Schlüsselwörter auf.

R: S. 23 Nr. 1
Z1: blind
...

Blindenfußball

Gerri ist blind. Trotzdem spielt er in einem Fußballverein. Hier gibt es natürlich besondere Regeln. In jeder Mannschaft sind nur fünf Spieler. Die Torhüter können sehen. Alle anderen Spieler tragen Augenklappen, denn manche können noch ein wenig sehen. Alle spielen nach dem Gehör. Deshalb sind in den Ball Rasseln eingebaut. Gerris Trainer und sein Guide* helfen ihm durch Zurufe, sich auf dem Feld zu orientieren. Der Guide steht hinter dem gegnerischen Tor. Wenn er zum Beispiel ruft: „Acht, eins!“, dann weiß Gerri, dass es bis zum Tor noch acht Meter sind und dass ein Gegenspieler dazwischen ist.

○ **2** Vergleicht eure Schlüsselwörter miteinander.

◒ **3** Decke den Text ab.
Erzähle mit Hilfe der Schlüsselwörter, was du über Blindenfußball weißt.

* Guide, sprich: Geid, ist englisch und heißt Führer.
Er sagt den Spielern beim Blindenfußball, wohin sie schießen sollen.

→ LE S. 46/47

Vermutungen zu einem Text anstellen

○ **1** Lies die Überschrift und sieh dir das Bild an.

Wer traut sich?

○ **2** Worum geht es in der Geschichte? Vermute.

R: S. 24 Nr. 2
Ich vermute, in der Geschichte geht es um ...

○ **3** Lies nun die Geschichte.

Ella hat Geburtstag. Ihr Papa hat am Abend eine Überraschung.
Er geht mit den Kindern in den Park.
Es ist schon ganz dunkel. Ellas Papa erklärt:
„Ihr könnt nun einmal zeigen, wie viel Mut ihr habt.
Wer traut sich, alleine diesen Weg durch den Park zu gehen?
Ihr könnt euch nicht verlaufen. Kerzen zeigen euch den Weg.
Am Ende des Weges wartet Lisas Mama auf euch.“
Ayla, Jan und Moritz gehen mutig nacheinander alleine den Weg.
Zum Schluss sind nur noch Lisa und Ella übrig.
Ella ist die Kleinste in der Klasse und immer ein wenig schüchtern.
Nun sieht sie, dass Lisa große Angst hat.
„Komm, ich führe dich“, sagt sie.
Dann nimmt die kleine Ella Lisa an die Hand.

◒ **4** Waren eure Vermutungen richtig? Tauscht euch aus.

→ LE S. 56/57

Unbekannte Wörter verstehen

○ **1** Lies den Text.

Angeln mit Opa

Jakob hat von Opa eine Rute geschenkt bekommen. So nennen richtige Angler ihre Angel. Opa ist ein besonders guter Angler. Aber nun ist Opa sehr krank. Jakob ist traurig. Opa hat ihm so viele Dinge erklärt. Jakob und Opa haben zum Angeln verschiedene Köder benutzt. Diese hängten sie vorn an die Angelschnur, um Fische anzulocken. Meistens hat Opa Larven von Fliegen mitgebracht. Damit haben sie Rotfedern geangelt. Das sind kleine Fische. Jakob denkt gerne an die Ausflüge mit Opa.

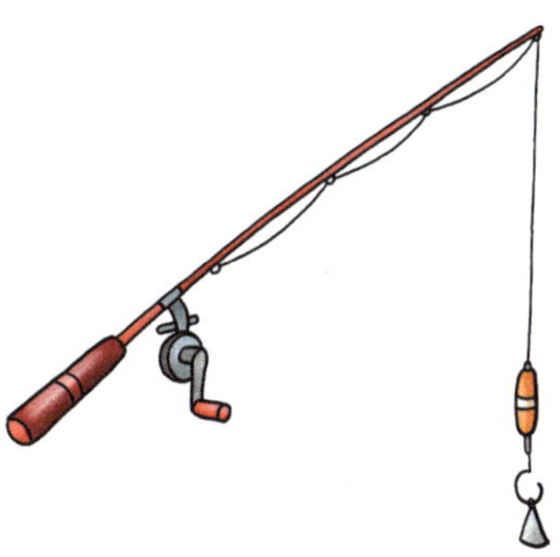

○ **2** Was bedeuten die markierten Wörter? Lies und schreibe auf.

R: S. 25 Nr. 2
Rute: Eine Rute ist ...
Köder: ...
Rotfeder: ...

◒ **3** Verstehst du die anderen Wörter? Suche die Erklärung im Text, im Lexikon, im Internet oder frage nach.

◒ **4** Vergleicht eure Erklärungen.

Das kann ich schon

1 Das Rezept ist durcheinandergeraten.
Schreibe die richtige Reihenfolge auf.

R: S. 26 Nr. 1
GE ...

OT Schneide zum Schluss aus einer roten Paprika einen lachenden Mund. Guten Appetit.

SE Lege zwei Scheiben Gurke und je eine halbe Olive als Augen auf.

BR Setze eine Gurke als Nase unter die Augen.

GE **Ein lustiges Brotgesicht**

MÜ Bestreiche zuerst eine Scheibe Brot mit Frischkäse.

---

2 Lies den Text.

Meine Mama ist blind

1 Meine Mama ist schon seit ihrer Geburt blind.
2 Sie sieht mit ihren Händen, ihren Ohren und ihrer Nase.
3 Sie kann sogar schreiben.
4 Dazu benutzt sie eine Braille-Schreibmaschine.
5 Das ist eine Schreibmaschine mit Blindenschrift.
6 Wenn wir einen Ausflug mit dem Fahrrad machen,
7 fahren Papa und Mama mit dem Tandem.
8 Das ist ein Fahrrad für zwei Personen.
9 Mama sitzt hinter Papa und sieht die Welt mit ihren Ohren.

3 Was bedeuten die markierten Wörter?
Lies und schreibe auf.

R: S. 26 Nr. 3
Braille-Schreibmaschine: ...
Tandem: ...

Einsam, zweisam, gemeinsam

Stolperwörter finden

→ LE S. 64

○ **1** In jedem Satz ist ein Stolperwort, das nicht passt.
Schreibe es auf.

R: S. 27 Nr. 1
Z1: schreien …
Z2: …

Mein kleiner Bruder

Ich habe einen kleinen schreien Bruder.
Er heißt Mia Moritz.
Dauernd will er von mit mir Fangen spielen.
Er stört lenkt mich bei den Hausaufgaben.
Wenn bei ich mit meiner Freundin spiele,
kommt er ständig herein.
Alles, ist was ich habe, will er auch haben.
Ich soll teilen, sagt Mauer Mama dann immer.
Das nervt nennt.
Aber wenn wir ich traurig bin, tröstet mich Moritz.
Dann reißt leiht er mir sein Stofftier Kroko aus.
Manchmal ist es schwarz schön,
einen kleinen Bruder zu haben.

○ **2** Lies die Sätze einem Partner richtig vor.

◒ **3** Schreibe einen Text über jemanden aus deiner Familie.

R: S. 27 Nr. 3 z. B.
Meine große Schwester
…

◒ **4** Schreibe deinen Text am Computer ab.
Setze in jeden Satz ein Stolperwort ein.

○ **5** Tauscht eure Texte aus und findet die Stolperwörter.

→ LE S. 65

Betonen üben

○ **1** Wie fühlt sich Julian? Ordne zu.

R: S. 28 Nr. 1
A: beleidigt
B: ...

stolz | beleidigt | wütend | genervt | begeistert

A

Meine Familie geht heute wandern.

B

C

D

E

○ **2** Wähle ein Gefühl aus. Sprich den Satz aus der Sprechblase. Verändere deine Stimme und deinen Gesichtsausdruck.

○ **3** Sprich den Satz einem Partner vor. Erkennt er das Gefühl?

○ **4** Lies die Sprechblasen. Wie fühlt sich der Sprecher? Schreibe ein passendes Gefühl auf.

R: S. 28 Nr. 4 z. B.
A: ...
B: ...

Mein großer Bruder hat am Samstag mit mir Tauchen geübt. Das war toll.
A

Meine Mutter sehe ich nur manchmal am Wochenende. Sie wohnt sehr weit weg.
B

Mein Opa kennt viele spannende Geschichten. Er ist mit seinem Lkw durch ganz Europa gefahren.
C

○ **5** Lies die Sprechblasen einem Partner vor. Verändere deine Stimme und deinen Gesichtsausdruck.

→ LE S. 66/67

Einen Text betont vorlesen

Wenn du einen Text betont vorliest, macht das Zuhören mehr Spaß.
Gehe so vor:

- Überlege, welches Gefühl zum Textabschnitt passt.
- Markiere Wörter, die du betonen möchtest.
- Zeichne Striche | ein, wo du Pausen machen möchtest.
- Übe den Text vorzulesen.
- Verändere deine Stimme: Sprich laut oder leise, tief oder hoch ...

○ **1** Lies den Text betont vor.

Abschnitt	Gefühl
Warum trinken Erwachsene eigentlich so gern stundenlang Kaffee? | Sie sitzen auf ihrem Hintern, | rühren in ihren Tassen herum | und reden über Dinge, | die keinen interessieren.	genervt

◒ **2** Übertrage den Text in Abschnitten in dein Heft. Schreibe zu jedem Abschnitt ein Gefühl auf.

R: S. 29 Nr. 2

Abschnitte	Gefühl
Eines Nachmittags ...	
...	

Eines Nachmittags musste Alexa mal wieder mit zu so einem Kaffeetrinken. Bei Tante Irmtraud und Onkel Berthold. Furchtbar!

Als die Erwachsenen die zweite Torte in sich reinstopften, schlüpfte Alexa aus dem Wohnzimmer und machte sich daran, das Haus zu erkunden.

Viel Interessantes entdeckte sie nicht. Ein Zimmer war langweiliger als das andere. Nichts als riesige alte Möbel, scheußliche Vasen und Fotos.

Aber gerade, als sie das Treppengeländer wieder runterrutschen wollte, hörte sie es. Ein Krächzen. Ganz deutlich. Alexa lauschte.
Da! Da war es schon wieder. Leise schlich sie an den Türen entlang.

Cornelia Funke

◒ **3** Markiere im Heft Wörter, die du betonen möchtest. Zeichne Pausenstriche ein.

○ **4** Übe den Text betont vorzulesen.

→ LE S. 72/73

Mit verteilten Rollen lesen

○ **1** Lest das Gespräch.

Ronja Räubertochter und Birk Borkasohn

Ronja und Birk wohnen einen Sommer lang alleine in einer Höhle.

Sie haben nur wenige Dinge aus der Räuberburg mitgenommen.

Birk: Jetzt muss ich das Messer nur noch ein letztes Mal wetzen. Gib's her!

Ronja: Das Messer? Das hast du.

Birk: Nein, du hast es zuletzt gehabt. Gib's her!

Ronja: Ich habe kein Messer. Hörst du nicht, was ich sage?

Birk: Wo hast du's gelassen?

Ronja: Wo hast du's gelassen? Du hast es doch zuletzt gehabt!

Birk: Das ist gelogen.

Astrid Lindgren

◒ **2** Überlegt gemeinsam: Was denken Ronja und Birk? Wie fühlen sie sich?

R: S. 30 Nr. 2
Ronja denkt: ...
Birk denkt: ...
Ronja fühlt sich: ...

○ **3** Verteilt die Rollen: Wer liest Ronja? Wer liest Birk?

◒ **4** Übertragt den Dialog ins Heft. Markiert die Wörter, die ihr besonders betonen wollt.

R: S. 30 Nr. 4 z. B.
Birk: ... Gib's her!
Ronja: ...

◒ **5** Lest das Gespräch mit verteilten Rollen vor.

→ LE S. 72/73

Ein Rollenspiel durchführen

Bei einem Rollenspiel übernehmt ihr die Rolle einer anderen Person.
Überlegt:
- Was denken und fühlen die Personen?
- Was sagen und tun die Personen?

Spielt die Personen. Verändert euren Gesichtsausdruck und macht passende Bewegungen.

○ **1** Lest den Text.

Milo war gestern im Schwimmbad.
Er hat sich von seinem Freund Sinan die Taucherbrille ausgeliehen.
Beim Tauchen hatte er viel Spaß.
Nach dem Schwimmen hat Milo nicht aufgepasst
und die Taucherbrille im Schwimmbad vergessen.
Heute soll Milo Sinan die Taucherbrille zurückgeben.

○ **2** Sammelt Ideen für ein Rollenspiel.
Beantwortet die Fragen.

A Was denken und fühlen Milo und Sinan?

B Was sagen Milo und Sinan?

C Was tun Milo und Sinan?

R: S. 31 Nr. 2
A: Milo denkt: ...
Milo fühlt sich: ...
Sinan denkt: ...
Sinan fühlt sich: ...
B: Milo sagt: ...
Sinan sagt: ...
C: ...

○ **3** Verteilt die Rollen und spielt.

Ihr könnt auch Gegenstände verwenden.

○ **4** Was ist besonders gut gelungen?
Tauscht euch aus.

→ LE S. 78–80

Vermutungen anstellen

○ **1** Lies die Überschrift.
Worum geht es in der Geschichte? Vermute.

R: S. 32 Nr. 1
Ich vermute, in der Geschichte geht es um ...

Ein Plätzchen für Lana

○ **2** Decke die gelben Abschnitte mit einem Blatt Papier ab. Lies dann Abschnitt für Abschnitt und beantworte die Fragen.

R: S. 32 Nr. 2
A: Die Menschen sagen: „...
B: ...
C: ...

Lana konnte nicht in ihrem Dorf bleiben. Ihr Haus war kaputt und sie war allein. Also lief sie davon. Sie lief und lief und kam in einen Wald mit schönen Baumhäusern. In den Häusern wohnten Menschen mit spitzen Ohren.
Sie schauten Lana neugierig an und fragten: „Wer bist du?“ Lana antwortete: „Ich heiße Lana und brauche einen Platz zum Schlafen.“

A Was werden die Menschen antworten?

Die Menschen mit den spitzen Ohren antworteten: „Unsere Baumhäuser sind viel zu klein, wir haben keinen Platz für dich. Geh weiter!“
Lana lief weiter und kam nach langer Zeit in ein Gebirge.
Dort sah sie kleine lustige Zwerge vor einer Höhle sitzen. Sie ging zu ihnen hin und fragte: „Habt ihr einen Platz für mich zum Schlafen?“

B Was werden die Zwerge sagen?

Die Zwerge antworteten: „Nein, du bist viel zu groß für unsere Höhle! Geh weiter.“ Traurig lief Lana weiter bis sie in eine Wüste kam.
Dort stand ein kleines Zelt. Davor saß eine alte Frau.
Lana fragte sie: „Hast du einen Platz für mich zum Schlafen?“

C Was wird die alte Frau sagen?

Die Frau antwortete: „Mein Zelt ist klein, aber es reicht für uns beide. Komm rein. Ich habe gerade gebacken. Möchtest du ein Plätzchen?“

→ LE S. 81

Eine Geschichte zu einem Bild schreiben

○ **1** Sieh dir das Bild an.

○ **2** Plane deine Geschichte mit Hilfe der Fragen:

R: S. 33 Nr. 2
Wer: ...
Wo: ...
Wann: ...
Was: ...

Einleitung:

Wer wohnt in diesem Haus?

Wo ist das Haus?

Wann spielt die Geschichte?

Hauptteil:

Was passiert in der Geschichte?

Überlege genau.
Je mehr Einzelheiten du hast,
desto leichter fällt dir das Schreiben.

◒ **3** Schreibe deine Geschichte auf.

R: S. 33 Nr. 3
Überschrift: ...
An einem heißen Tag ...

→ LE S.81

Eine Geschichte überarbeiten

○ **1** Lest den Anfang von Lennarts Geschichte zum Bild.

Der dicke Fisch

An einem heißen Sommertag saß der Erfinder Geistesblitz hinter seinem und angelte im See. Er hatte schon viele tolle Dinge wie zum Beispiel eine Segelbadewanne oder eine Regenwasser-Wasserrutsche. Auf einmal hörte er Geräusche. Er hinter die Rutsche und sah einen Mann. Der Mann suchte etwas im Haus. Geistesblitz dachte nach und hatte eine Idee. Vorsichtig kletterte er die Strickleiter hinunter und sprang ins.

○ **2** Lest den Anfang der Geschichte noch einmal.
Was fällt euch auf?

◒ **3** Übertragt den Anfang von Lennarts Geschichte in eure Hefte.
Verbessert dabei die unvollständigen Sätze.

R: S. 34 Nr. 3
Der dicke Fisch
An einem heißen Sommertag
saß der Erfinder Geistesblitz
hinter seinem Haus ...

Schreibe sinnvolle Sätze.

Sind deine Sätze verständlich?
Hast du kein Wort vergessen?

○ **4** Lest den zweiten Teil von Lennarts Geschichte.

Er schwamm bis zum Fischernetz und löste es von den Haken. Dann schwamm er mit dem schweren Netz zurück und kletterte die Strickleiter wieder hoch. Er schlich sich ins Haus und warf das Netz über den Mann. Geistesblitz sagte: „Da habe ich aber einen Fisch gefangen. Was suchen Sie hier?"
Der Mann antwortete: „Ich möchte auch so eine Regenwasser-Wasserrutsche haben. Deshalb wollte ich den Plan klauen. Es tut mir leid."
„Möchten Sie die Rutsche mal ausprobieren?", fragte Geistesblitz.
Der Mann rief: „Sehr gerne!" Dann rutschten sie den ganzen Nachmittag.

○ **5** Zählt die Adjektive. Wie viele sind es?
An welchen Stellen könnte Lennart Adjektive einfügen?

◒ **6** Übertragt auch den zweiten Teil in eure Hefte.
Ergänzt dabei passende Adjektive.

R: S. 35 Nr. 6
Er schwamm bis zum
Fischernetz und löste es
von den **rostigen** ...

● **7** Überprüft eure eigenen Geschichten von Seite 33 in einer Schreibkonferenz.
Übertragt die Tabelle in eure Hefte und ergänzt.

R: S. 35 Nr. 7

Text von:	☺	😐	☹
Schreibe eine Einleitung.			
Schreibe einen Hauptteil.			
Schreibe sinnvolle Sätze.			
Verwende treffende Adjektive.			
Tipps:			

● **8** Überarbeite deine eigene Geschichte zum Bild von Seite 33.

→ LE S. 86/87

Lesestrategien nutzen

○ **1** Lies den Text.

deutsch: nein
bulgarisch: ja

Körpersprache

Wir sprechen nicht nur mit unserer Stimme, sondern auch mit unserem Körper. Wir machen bestimmte Hand- und Kopfbewegungen, um etwas zu „sagen“. Diese Bewegungen nennt man Gesten. Aber Vorsicht: Die gleiche Geste kann unterschiedliche Bedeutungen haben. Es kommt immer darauf an, wo du bist. Bei uns in Deutschland heißt 👍 *„Toll!“* oder *„Gut gemacht!“*. Mache diese Geste aber nie in Australien oder in Nigeria. Dort ist sie eine Beleidigung. Tippst du dir in Deutschland mit dem Zeigefinger gegen die Stirn, heißt das *„Du spinnst!“*. In Syrien oder im Irak bedeutet das *„Ich denke nach!“*.

◐ **2** Was bedeutet das Wort „Geste“?
Schreibe eine Erklärung.

R: S. 36 Nr. 2
Eine Geste ist ...

○ **3** Vervollständige die Sätze richtig.

Die gleiche Geste bedeutet in verschiedenen Ländern ...

| das Gleiche. | immer Unterschiedliches. | manchmal Unterschiedliches. |

„Daumen hoch“ ist eine Beleidigung in ...

| Bulgarien. | Australien. | Deutschland. |

● **4** Stellt euch vor, ihr seid in einem anderen Land.
Worauf müsst ihr achten? Tauscht euch aus.

Das kann ich schon

○ **1** Lies die Sprechblasen. Wie fühlt sich der Sprecher?
Schreibe ein passendes Gefühl auf.

R: S. 37 Nr. 1
A: ...
B: ...

Meine Schwester ist so gemein. Immer will sie bestimmen!

A

Mein Opa ist von der Leiter gestürzt. Jetzt liegt er im Krankenhaus.

B

Ich weiß, was mein Freund Moritz zum Geburtstag bekommt. Ich habe es ihm aber nicht verraten.

C

Mein Papa hat sich ein neues Motorrad gekauft. Leider fährt er immer zu schnell.

D

○ **2** Übertrage den Text in dein Heft.
Verbessere dabei die unvollständigen Sätze.

R: S. 37 Nr. 2
Mia ist wütend.
Lenia ...

Mia ist wütend. Lenia hat heute
über ihre neue Jacke gelacht.
Sie hat Leyla etwas ins geflüstert und gekichert.
Dann ist sie mit Leyla auf den gegangen
und nicht mit Mia. Mia war alleine.
Sonst hat sie immer mit Lenia.
Mia ist nicht nur wütend, sondern auch.
Ob Lenia morgen wieder zu ihr ist?

Wundervoll natürlich

→ LE S. 94

Informationen entnehmen: Wetterkarte

1 Betrachtet die Wetterkarte genau.
Welcher Text passt?

A Im Norden bleibt es kalt. An vielen Orten regnet oder schneit es. Im Süden ist es wärmer. Die Sonne lässt sich dort häufiger blicken.

B Am Freitag könnt ihr euch fast in ganz Deutschland über Sonne freuen. Ganz im Süden von Bayern verdecken allerdings dunkle Wolken den Himmel. Dort solltet ihr auf alle Fälle eine Regenjacke anziehen.

C Über ganz Deutschland hängen dicke Regenwolken. Besonders im Südosten wird es regnerisch. Im Westen von Deutschland scheint ab und zu einmal die Sonne. Aber auch hier kann es regnen.

2 Betrachte die Wetterkarte genau.
Beantworte dann die Fragen.

R: S. 38 Nr. 2
A: In Dresden wird es ...
B: ...

A Wie warm wird es in Dresden?

B Wie wird das Wetter in Köln?

C In welchen Städten wird es regnen?

3 Wie wird das Wetter morgen in deiner Stadt?
Informiere dich.

→ LE S. 97

Textabschnitte ordnen

1 Der Text ist durcheinandergeraten.
Schreibe die richtige Reihenfolge auf.

R: S. 39 Nr. 1
4, ...

1	Der Frosch quakte so laut, dass es zu regnen begann. Jetzt war die Eidechse sauer auf den Frosch. Sie wollte lieber Sonne haben.	VO
2	Sie machte schnell wieder Sonnenschein. Der Frosch quakte aber genauso schnell wieder. So ging es eine ganze Weile hin und her.	RHE
3	Der traurige Frosch sagte zur Eidechse: „Bitte lasse es wieder regnen!“ Sie wollte aber keinen Regen machen. Da fing der Frosch laut an zu quaken.	ER
4	**Die Eidechse und der Frosch** Die Eidechse hatte lange geübt das Wetter zu bestimmen. Nun hatte sie es geschafft: Sie konnte die Sonne scheinen lassen. Es gab keinen Regen mehr.	WE
5	So konnte es nicht weitergehen. Da hatte der Frosch eine Idee. „Wir lassen das Wetter in Ruhe. Wenn es regnet, dann regnet es. Wenn die Sonne scheint, dann ist es auch gut.“	RSA
6	„Immer nur Sonnenschein“, stöhnte der Frosch, „Alle Pfützen und Teiche vertrocknen. Wo soll ich dann schwimmen?“ Der Frosch wurde sehr traurig.	TT
7	Wenn es nun regnete, freute sich die Eidechse über die Schwimmkünste des Frosches. Wenn es warm war, schnappten sie gemeinsam an der Pfütze nach leckeren Fliegen.	GE

2 Ergänze unter jeder Zahl die beiden Buchstaben.
Zusammen ergeben sie ein Lösungswort.

R: S. 39 Nr. 2
4, ...
WE ...

3 Welches Wetter würdest du machen?
Schreibe.

R: S. 39 Nr. 3
Mein Wetter
...

→ LE S. 100

Textsorten erkennen

1 Hier sind zwei Texte durcheinandergeraten.
Welche Sätze gehören zum Sachtext, welche zur Geschichte?
Ordne zu.

R: S. 40 Nr. 1
Sachtext: B ...
Geschichte: W ...

B Bionik bedeutet, dass Menschen von der Natur lernen.

W Eines Tages wollten die Tiere einen Wettkampf machen.
Wer ist das beste Tier auf der Wiese? Alle Tiere zeigten, was sie können.

I Bionik ist eine Mischung aus Biologie* und Technik.

I Max, der Maulwurf, grub lange Gänge unter der Erde. Er konnte schnell durch seine Gänge laufen. Auf der Wiese baute er große Hügel.

O Menschen haben die Natur schon immer beobachtet. Sie bauten schon vor 500 Jahren Maschinen, die die Natur als Vorbild hatten.

E Ansgar, der Käfer, konnte mit seinen sechs Beinen geschickt alle Hindernisse überwinden. Er krabbelte schnell über Stock und Stein.

N Seit einigen Jahren entdecken Forscher wieder neu, was Tiere und Pflanzen können.

S Tom, der Schmetterling, flog in die Luft. Dort führte er tolle Kunststücke vor. Seine Flügel sahen wunderschön aus.

I Forscher nutzen die Ideen aus der Natur und bauen diese mit modernen Materialien nach.

E Die Tiere konnten sich auf keinen Sieger einigen. Deshalb beschlossen sie, dass sie alle einmalig sind.

K So sind die Schirme der Pusteblume zum Beispiel das Vorbild für Fallschirme und Entenfüße sind das Vorbild für Schwimmflossen.

2 Lies einem Partner den Sachtext über Bionik vor.
Vergleicht eure Sätze.

3 Nennt einen Unterschied zwischen den beiden Texten.

4 Erkläre einem Partner, was Bionik ist.

* Die Biologie erforscht alle Lebewesen, die Natur und die Umwelt.

→ LE S. 101–103

Unbekannte Wörter klären

○ **1** Lies den Text.
Schreibe die Wörter auf, die du nicht verstehst.

R: S. 41 Nr. 1 z. B.
Z6: Nervensystem
...

Laufroboter

Beine und Bewegungen von Tieren und Menschen werden von Forschern und Technikern genau erforscht. Sie sind Vorbilder für Laufroboter. Insekten haben sechs Beine. Sie gehen sehr sicher. Wenn sie laufen, bleiben immer drei Beine auf dem Boden. Das Nervensystem der Insekten steuert die Bewegung und den Rhythmus der Beine. Nun haben Techniker versucht, Laufroboter zu bauen. Sie funktionieren nach dem Vorbild der Insekten. Diese Roboter haben wie die Insekten sechs Beine. Jedes Bein wird von einem Elektromotor angetrieben. Ein Computer steuert die Beine. Mit den Laufrobotern können zum Beispiel Abwasserrohre in Städten, gefährliche Orte oder fremde Planeten untersucht werden.

◒ **2** Suche die Erklärung zu den Wörtern im Lexikon, im Internet oder frage nach.

R: S. 41 Nr. 2

Wort: Nervensystem
Erklärung:

Erklärung gefunden:
☐ Lexikon
☐ Internet
☐ nachgefragt

◒ **3** Vergleicht eure Wörter und Erklärungen miteinander.

◒ **4** Sucht Informationen zu weiteren Robotern im Internet.

→ LE S. 104

Informationen sammeln und ordnen

Mit einer Mindmap kannst du Informationen sammeln und ordnen.
Sie hilft dir beim Erstellen eines Plakats, bei der Vorbereitung eines Vortrags oder beim Lernen. So kannst du vorgehen:

- Schreibe das Thema in die Mitte eines Blattes.
- Ziehe farbige Linien, die vom Thema zu den Unterthemen führen.
- Schreibe wichtige Informationen unter die Unterthemen.

1 Lies den Text. Schreibe Informationen zu den Unterthemen Aussehen, Lebensraum und Besonderheiten heraus.

R: S. 42 Nr. 1
Aussehen: bis zu drei Meter groß, ...
Lebensraum: ...
Besonderheiten: ...

Brennnessel

Brennnesseln können bis zu drei Meter groß werden. Sie blühen in der Zeit von Juni bis Oktober. Die Blüten sind weiß oder helllila. Die Blätter der Brennnessel sind spitz und gezackt. Auf der Oberseite haben die Blätter Brennhaare. Die Blätter befinden sich am Stängel. Dieser hat ebenso Brennhaare.

Die Brennhaare der Brennnessel verursachen Quaddeln* auf der Haut von Menschen.

Brennnesseln wachsen fast überall: an Wegrändern, auf Wiesen und in Gärten.

Über 50 Arten von Schmetterlingen legen ihre Eier auf Brennnesseln. Die Raupen fressen die Blätter der Brennnessel. Auch Menschen können die Brennnessel nutzen. Die Blätter der Brennnessel kann man wie Spinat kochen. Aus getrockneten Blättern kann man Tee kochen. Man kann mit den Blättern auch eine Salbe herstellen. Sie hilft gegen Schmerzen.

* Quaddeln: kleine Blasen auf der Haut

○ **2** Gestalte eine Mindmap wie im Beispiel.
Ordne alle Informationen zur Brennnessel den Unterthemen in der Mindmap zu.

Aussehen

– bis zu drei Meter groß

– ...

Die Brennnessel

Lebensraum

– ...

– ...

Besonderheiten

– ...

– ...

◒ **3** Beschreibt die Brennnessel mit Hilfe der Mindmap.

→ LE S. 110/111

Informationen entnehmen

○ **1** Lies den Text.

Biber

Biber sind ungefähr einen Meter lang und 40 Zentimeter hoch. Sie wiegen 20 – 30 Kilogramm. Biber haben ein dichtes Fell, das sie vor Kälte und Nässe schützt. In ihrem Mund haben sie kräftige Nagezähne, mit denen sie auch Bäume durchnagen können. An ihren Vorderpfoten haben sie fünf Zehen, um Äste festzuhalten. An den Hinterpfoten haben sie Schwimmhäute. Biber können sehr gut schwimmen und tauchen. Dabei verschließen sie Nase und Ohren. Mit dem langen Schwanz rudern sie.

Biber leben an langsam fließenden Flüssen und flachen Seen. Sie bauen im Wasser eine Biberburg. Das ist ein Bau aus Steinen, Stämmen, Ästen und Schlamm. Der Eingang ist tief unten im Wasser.

Biber ernähren sich von Wasserpflanzen, Rinde, Blättern und weichem Holz.

◒ **2** Überlege dir drei passende Unterthemen. Schreibe dazu Schlüsselwörter heraus. Nutze drei verschiedene Farben.

R: S. 44 Nr. 2 z. B.
Aussehen: ungefähr einen Meter lang, ...
Lebensraum: ...
Besonderheiten: ...

◒ **3** Erstelle eine Mindmap zum Biber. Nutze die Schlüsselwörter.

◒ **4** Suche weitere Informationen zum Biber im Lexikon oder im Internet.

→ LE S. 112/113

Ein Plakat gestalten

Auf einem Plakat kannst du Informationen geordnet präsentieren.
So kannst du ein Plakat gestalten:

- Wähle ein Thema und lege passende Unterthemen fest.
- Sammle Informationen dazu. Eine Mindmap kann dir dabei helfen.
- Schreibe die Informationen zu jedem Unterthema groß und gut lesbar auf ein Blatt. Achte dabei auf die Rechtschreibung.
- Male, kopiere oder drucke passende Bilder aus.
- Ordne die Texte und Bilder übersichtlich an. Klebe sie dann auf.

1 Sieh dir das Plakat an.
Schreibe das Thema und die Unterthemen auf.

R: S. 45 Nr. 1
Thema: ...
Unterthemen: ...

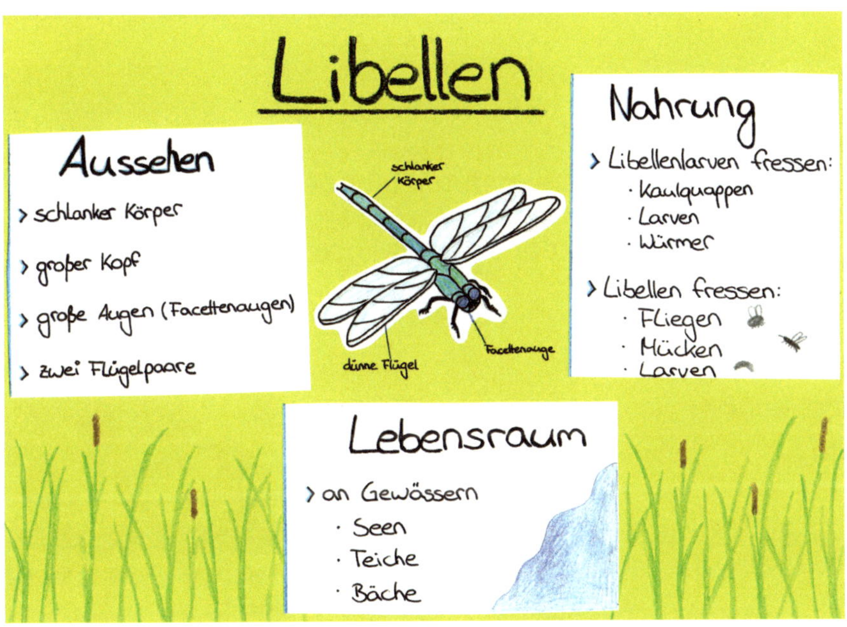

2 Was ist an dem Plakat gelungen?
Tauscht euch aus.

Ich gestalte mit den Informationen von Seite 44 ein Plakat über Biber!

3 Gestaltet ein Plakat zu einem Tier.

4 Übt einen kurzen Vortrag zu eurem Plakat ein.
Überlegt euch, wo ihr dabei steht und was ihr auf eurem Plakat zeigen wollt.

5 Hängt alle fertigen Plakate auf.
Welche Plakate sind besonders gut gelungen? Tauscht euch aus.

→ LE S. 114/115

Eine Geschichte schreiben

1 Lies die Einleitung und den Schluss der Geschichte.

Einleitung

Eines Tages ging Luca zur Wiese am Waldrand. Er mochte die Wiese, weil dort ein kleiner Bach plätscherte.

Als Luca ankam, traute er seinen Augen nicht. Auf der ganzen Wiese verteilt lag Müll.

Schluss

„Gut, dass wir den Umweltverschmutzer gefunden haben. Hoffentlich macht er so etwas nie wieder“, dachte Luca auf dem Heimweg.

2 Was könnte passiert sein? Notiere Stichpunkte.

3 Schreibe den Hauptteil.

R: S. 46 Nr. 3 z. B.
„Wer macht denn so was?“, dachte …

Verwende verschiedene Satzanfänge.

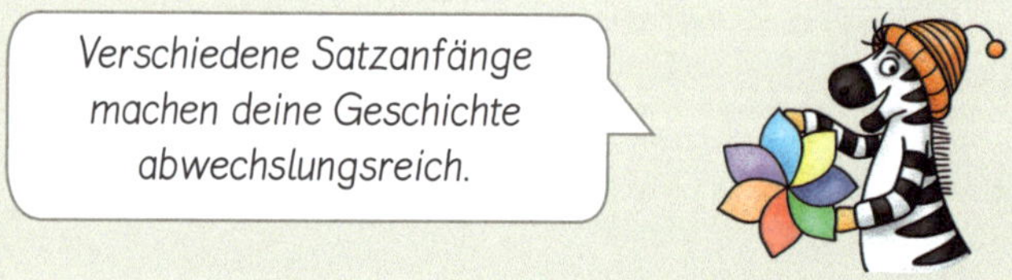

4 Schreibe eine passende Überschrift zur Geschichte.

R: S. 46 Nr. 4
Überschrift: …
…

5 Lies die Geschichte einem Partner vor.

→ LE S. 117

Eine Anleitung ordnen

○ **1** Die Anleitung ist durcheinandergeraten.
Schreibe die richtige Reihenfolge auf.

R: S. 47 Nr. 1
KR …

Bastelanleitung für ein Wasserrad

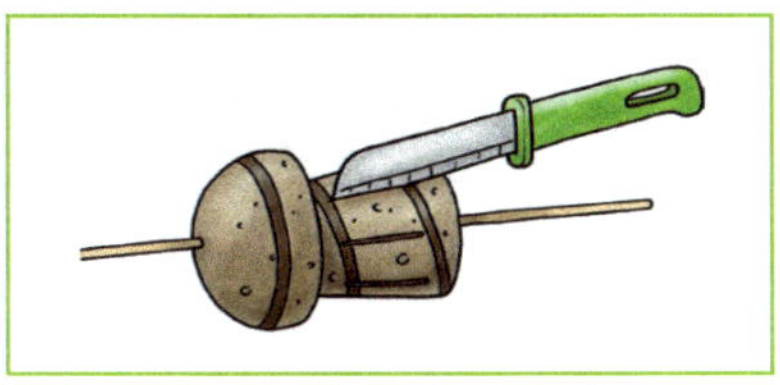

TRI — Stecke die Plastikstreifen in die Schlitze des Korkens.

KR — Durchbohre einen Korken vorsichtig mit einem Metallspieß. Schiebe einen Holzspieß durch das Loch.

AN — Schneide die Seitenwände eines Joghurtbechers mit einer Schere in sechs gleichgroße Stücke.

EB — Halte das fertige Wasserrad unter einen Wasserhahn.

AFT — Schneide mit einem Messer vorsichtig 6 Schlitze in die Seite des Korkens.

◒ **2** Was brauchst du zum Bau des Wasserrades?
Schreibe auf.

R: S. 47 Nr. 2
– 1 Korken
– …

○ **3** Schreibe die Bastelanleitung geordnet auf.

R: S. 47 Nr. 3
Bastelanleitung für
…

◒ **4** Bastle nun das Wasserrad.

Das kann ich schon

1 Schreibe wichtige Informationen zu den Unterthemen Aussehen, Nahrung und Feinde heraus.

R: S. 48 Nr. 1
Aussehen: ...
Nahrung: ...
Feinde: ...

Der Frosch kann mit seinen langen Hinterbeinen weit springen.
Wenn der Frosch quakt, bläst er seine Schallblase* auf.
Seine Haut ist glitschig.
Der Frosch ernährt sich von Insekten.
Mit seiner klebrigen Zunge fängt er sie in der Luft.
Aber auch Würmer frisst er gerne.
Seine natürlichen Feinde sind der Storch und der Reiher.
Viele Frösche werden aber auch von Autos überfahren.

2 Betrachte die Wetterkarte genau. Beantworte die Fragen.

R: S. 48 Nr. 2
A: ...
B: ...

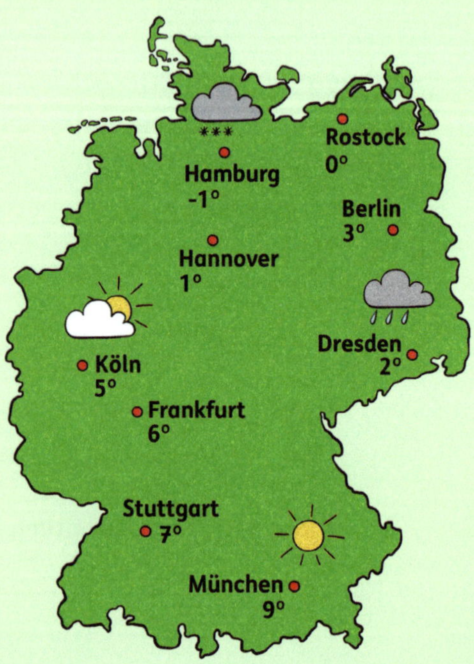

A Wie warm wird es in Köln?

B Wie wird das Wetter in Hamburg?

C In welcher Stadt wird es regnen?

D Wo ist es am wärmsten?

* Schallblase: eine dünne Ausstülpung der Froschhaut

Märchen-Zauber-Zeitmaschinen

→ LE S. 125

Genau lesen

○ **1** Lies genau. Vergleiche mit dem Bild.

Schneewittchen trägt eine Krone auf dem Kopf.
Rapunzel trägt ein blaues Kleid.
Schneewittchen trägt ein rotes Kleid mit gelben Punkten.
Die Taube auf Aschenputtels Schulter hat ein graues Gefieder.
Aschenputtel trägt alte Kleidung. Ihre Haare sind braun, genauso wie die Schürze, die sie trägt. Das Kleid darunter ist dunkelgrün.
Der Apfel in der Hand des Mädchens ist grün.
Rapunzel trägt ihre blonden langen Haare zu einem Zopf geflochten.
Die Krone ist aus Gold und mit roten Diamanten besetzt.
Schneewittchens Haare sind glatt und schwarz.
Das Kopftuch von Aschenputtel ist grau.

Rapunzel Schneewittchen Aschenputtel

○ **2** Finde die 7 Fehler im Text. Schreibe richtig auf. Schreibe ganze Sätze.

R: S. 49 Nr. 2
Z2: Rapunzel trägt ein grünes Kleid. ...

○ **3** Vergleicht eure Ergebnisse.

◒ **4** Beschreibe eine eigene Märchenfigur.

→ LE S. 126/127

Märchenmerkmale erkennen

○ **1** Lies das Märchen.

Kräuterglück

Es war einmal ein böser Zauberer, der lebte auf seiner Burg im dunklen Zauberwald. Am Rande des Zauberwaldes wohnte eine arme, freundliche Familie. Sie lebte zum größten Teil von Pilzen und Kräutern aus dem Wald.

Die Tiere des Waldes mochten die freundliche Familie sehr. Oft begleiteten sie die Familie ein Stück des Weges. Niemand traute sich in die Tiefe des Zauberwaldes. Denn dort war die Burg des bösen Zauberers.

In der Nähe der Burg aber wuchsen die schönsten Pilze und Kräuter. Eines Tages war die Familie sehr hungrig. Darum wagte sich das Mädchen aus lauter Verzweiflung in die Nähe der Burg, um dort Pilze und Kräuter zu sammeln.

Auf dem Weg traf das Mädchen ein verletztes Reh. In seinem Hinterbein steckten drei Pfeile. Der böse Zauberer hatte die Pfeile abgeschossen. Das Mädchen nahm das Reh mit nach Hause. Die Pilze vergaß das Mädchen.

In der kleinen Hütte versorgten die Eltern das verletzte Reh. Sie gaben ihm sieben Kräuter zu essen. Als das Reh wieder gesund war, sagte es: „Ich muss jetzt gehen. Aber ihr habt mir geholfen, deshalb will ich auch euch helfen. Ihr sollt nicht mehr hungern.“ Dann verschwand das Reh.

Von diesem Tag an wuchsen reichlich Kräuter und Pilze direkt um die kleine Hütte herum. Alle hatten stets genug zu essen. Und wenn sie nicht gestorben sind, dann leben sie noch heute.

○ **2** Lies die Märchenmerkmale.

Märchen haben oft einen gleichen oder ähnlichen Anfang.

Märchen spielen häufig an besonderen Orten, zum Beispiel im Schloss, im Wald, hinter den sieben Bergen.

In Märchen spielen oft Fantasiegestalten eine Rolle, zum Beispiel Hexen, Zauberer, Prinzessinnen oder sprechende Tiere.

In Märchen haben manche Zahlen eine besondere Bedeutung.

Die meisten Märchen haben einen gleichen oder ähnlichen Schluss.

◒ **3** Suche im Märchen **Kräuterglück** zu jedem Märchenmerkmal eine Textstelle. Schreibe sie mit der Zeile auf.

R: S. 51 Nr. 3
Anfang: Es war einmal (Z1)
besondere Orte: ...
Fantasiegestalten: ...
Zahlen: ...
Schluss: ...

→ LE S. 128–133

Ein Märchen schreiben

So schreibst du ein Märchen:
- Überlege dir einen Anfang (Es war einmal ...).
- Wähle eine oder mehrere Märchenfiguren aus.
- Schreibe den Hauptteil:
  - Überlege, was passieren soll.
  - Denke dir Aufgaben oder Prüfungen für deine Märchenfiguren aus.
- Formuliere einen märchenhaften Schluss. Fast alle Märchen enden gut.
- Schreibe im Präteritum.

1 Wähle aus jedem Turm einen Baustein für den Anfang deines Märchens aus. Du kannst auch eigene Ideen aufschreiben.

R: S. 52 Nr. 1
Wann: ...
Wer: ...
Wo: ...

2 Worum soll es in deinem Märchen gehen? Notiere Stichpunkte.

3 Schreibe mit den Bausteinen einen Anfang für dein Märchen.

4 Überlege dir eine Überschrift.

R: S. 52 Nr. 4
Überschrift: ...

5 Sammle auf einer Märchenlandkarte Stichwörter für dein Märchen.

Mit Karteikarten kannst du deine Märchenlandschaft leichter gestalten.

Was passiert in deinem Märchen?

– …

– …

Aufgabe oder Prüfung für die Märchenfiguren

– …

– …

Magische Zahl:

– …

Gutes Ende:

– …

6 Schreibe nun mit Hilfe des roten Fadens dein Märchen weiter.

Halte die Zeitform ein.

Märchen schreibt man immer im Präteritum. Früher las Franz oft Märchen.

7 Überarbeitet eure Märchen in einer Schreibkonferenz.

→ LE S. 130/131

Ein Märchen nacherzählen

Wenn du eine Geschichte oder ein Märchen nacherzählst, kannst du so vorgehen:
- Lies die Geschichte.
- Markiere die Schlüsselwörter und schreibe sie auf Karten.
- Ordne die Karten. Achte auf die Reihenfolge.
- Erzähle die Geschichte mit Hilfe der Karten nach.

○ **1** Lies das Märchen.

Der Wolf und die sieben Geißlein

Es war einmal eine Geiß*, die lebte mit ihren sieben Geißlein in einem Haus. Eines Tages musste sie in den Wald gehen und Futter holen. Sie sagte den Geißlein: „Lasst den bösen Wolf nicht ins Haus!“

Kaum war die Geiß weg, klopfte es. Der Wolf sagte: „Macht auf, liebe Geißlein. Eure Mutter ist wieder da und hat euch etwas mitgebracht!“ Die Geißlein erkannten den bösen Wolf und sagten: „Du hast eine tiefe Stimme und eine schwarze Pfote. Du bist nicht unsere Mutter!“

Doch der Wolf war schlau. Er tauchte seine Pfoten in Mehl und aß Kreide. Jetzt hatte er eine weiße Pfote und eine hohe Stimme. Er ging wieder zum Haus und sagte: „Macht auf, liebe Geißlein. Eure Mutter ist wieder da und hat euch etwas mitgebracht!“ Die Geißlein öffneten und der Wolf fraß sie auf.

Als die Geiß nach Hause kam, lag der Wolf vor dem Haus und schnarchte. Schnell schnitt die Geiß dem Wolf den Bauch auf und befreite die Geißlein. Nun legten sie große Steine in den Bauch und nähten ihn wieder zu. Als der Wolf aufwachte, ging er zum Brunnen, um zu trinken. Weil er so schwer war, fiel er hinein. Die Geißlein tanzten um den Brunnen herum.

nach den Brüdern Grimm

◒ **2** Finde Schlüsselwörter und schreibe sie auf Karten.

◒ **3** Ordne die Karten.

◒ **4** Erzähle das Märchen mit Hilfe der Karten nach.

* die Geiß: die Ziege

→ LE S. 136/137

Stolperwörter finden

R: S. 55 Nr. 1
Z1: Geschichte
Z2: ...

○ **1** In jedem Satz ist ein Stolperwort, das nicht passt.
Schreibe es auf.

Zaubertricks

Der Fünfer-Trick

Bitte ein Kind, sich eine Geschichte Zahl von 1 bis 9 auszudenken.
Es soll zu dieser Werkstatt Zahl noch einmal dieselbe Zahl addieren.
Danach soll es 10 hinzufügen und dann die Zahl durch 2 teilen schneiden.
Zum Schluss soll es noch die ausgedachte Zahl ausziehen abziehen.
Das Ergebnis Erlebnis wird immer 5 sein!

Der Nadeltrick

Vorbereitung des Tages Tricks:
Klebe klatsche auf einen Luftballon ein Stück durchsichtiges Klebeband.
Diese Stelle zeigt läuft zu dir, nicht zum Publikum.
Du hältst den Ballon in der einen Fuß Hand.
In der die anderen Hand hältst du eine Stecknadel.
Sage einen Zauberspruch auf und stich mit der Nadel Zauberstab in den Ballon.
Du musst genau die Stelle ohne mit dem Klebestreifen treffen.
Der Ballon Ball wird nicht platzen!

○ **2** Lies die Zaubertricks einem Partner richtig vor.

○ **3** Lies den Zauberspruch. Findest du die Reimwörter?

Ballon, jetzt wird es für dich eng.
Bei mir machst du niemals peng.
Nadel, Schere, Messer –
ich mache alles besser.
Ich steche in dich rein
Und du wirst heile sein!

○ **4** Trage den Zauberspruch vor.

→ LE S. 144/145

Fragen zu einem Text beantworten

○ **1** Lies den Text.

Warum heißt die Steinzeit eigentlich Steinzeit?

In der Steinzeit stellten die Menschen ihre Werkzeuge meist aus Stein her. Daher kommt der Name Steinzeit. Die ältesten Steinwerkzeuge sind 2,5 Millionen Jahre alt.

Das wichtigste Werkzeug der Steinzeit war der Faustkeil. Er war 8 bis 30 cm lang. Die runde Seite lag gut in der Hand und die spitze Seite diente als Messer.

Mammut

Es gab in der Steinzeit aber auch noch andere Werkzeuge und Waffen, zum Beispiel Wurfspeere. Die Menschen jagten damit Mammuts, Wollnashörner und Rentiere.

Rentier

Wenn ein Tier erlegt wurde, wurde es vollständig verwertet. Die Menschen rösteten das Fleisch über dem Feuer und aßen es. Aus den Tierhäuten und den Fellen nähten sie Decken und Kleidung.

Später lernten die Menschen, Metalle wie Eisen oder Bronze zu verarbeiten. Damit endete die Steinzeit.

Wollnashorn

2 Schreibe die richtigen Antworten auf.
Schreibe ganze Sätze.

R: S. 57 Nr. 2
A: Die ältesten …
B: …

A Wie alt sind die ältesten Steinwerkzeuge?

- 2,5 Jahre alt
- 250 Jahre alt
- 2,5 Millionen Jahre alt

B Welche Tiere jagten die Menschen damals?

- Dinosaurier
- Mammuts
- Pferde

3 Beantworte die Fragen.
Schreibe ganze Sätze.

R: S. 57 Nr. 3
A: Die Steinzeit heißt Steinzeit, weil …
B: …

A Warum heißt die Steinzeit Steinzeit?

B Wie heißt das wichtigste Werkzeug der Steinzeit? Wie sieht es aus?

C Woraus haben die Menschen früher ihre Kleidung gemacht?

D Warum endete die Steinzeit?

4 Vergleicht eure Antworten.

5 Recherchiere und beantworte die Fragen.
Schreibe ganze Sätze.

R: S. 57 Nr. 5
A: In der Steinzeit wohnten die Menschen …
B: …

A Wie wohnten die Menschen in der Steinzeit?

B Wie groß und schwer konnte ein Mammut werden?

C Welche Steinzeit-Tiere gibt es heute noch und wo leben sie?

→ LE S. 146

Texte entflechten

1 Hier sind zwei Sachtexte durcheinandergeraten. Welche Sätze beschreiben das **Feuer** in der Steinzeit, welche die **Nahrung**? Ordne zu.

R: S. 58 Nr. 1
Feuer: W ...
Nahrung: S ...

W Feuer gibt es, seit es die Erde gibt. Schon in der Steinzeit gab es Blitzeinschläge und Vulkanausbrüche. Dadurch kannten die Menschen das Feuer.

S In der Steinzeit ernährten sich die Menschen von den Dingen, die sie in der Natur fanden. Dazu gehörten Pflanzen, aber auch Tiere.

A Die Menschen konnten aber noch nicht selbst Feuer machen. Sie nutzten Feuer, das zum Beispiel von einem Blitz entzündet wurde, und machten daraus ein Lagerfeuer, das sie am Leben hielten.

A Zu Beginn der Steinzeit aßen die Menschen vor allem Fleisch, das Raubtiere übrig ließen. Später begannen die Menschen, selbst zu jagen.

R Über dem Feuer konnten die Menschen nun ihre Nahrung kochen. Die Nahrung konnte so besser verdaut werden. Die Menschen brannten auch Gefäße aus Ton. So wurden die Gefäße stabiler.

T Sie jagten Wollnashörner und Mammuts. Als diese Tiere ausgestorben waren, jagten sie Hirsche, Rehe, Wildschweine und Fische.

M Später lernten die Menschen, selbst Feuer zu machen. Sie schlugen zwei bestimmte Steine aufeinander. Dabei entstanden Funken, mit denen sie trockenes Gras anzünden konnten.

T Außerdem sammelten die Menschen in den Wäldern essbare Pflanzen wie Pilze, Beeren, Nüsse und verschiedene Kräuter.

2 Lies deinem Partner den Text über Feuer in der Steinzeit vor. Vergleicht eure Sätze.

Das kann ich schon

1 Lies den Märchenanfang.
Schreibe die Märchenmerkmale zu Anfang, besondere Orte, Fantasiegestalten und besondere Zahlen mit der Zeile heraus.

R: S. 59 Nr. 1
Anfang: ...
besondere Orte: ...
Fantasiegestalten: ...
besondere Zahlen: ...

Es war einmal ein tollpatschiger Drache, der lebte mit seiner Frau und ihren drei Drachenkindern in einer kleinen Höhle. Die Höhle lag hinter den sieben Hügeln am Rande des dunklen Waldes. Die Drachenkinder spielten oft heimlich bei den dreizehn Eichen im dunklen Wald. Die Drachenkinder kletterten gerne auf die Eichen. Nur um die dreizehnte Eiche machten sie immer einen großen Bogen. Sie war mit einem bösen Fluch belegt. Eines Tages spielten die Drachenkinder Verstecken. Das kleinste Drachenkind war genauso tollpatschig wie sein Vater. Es stolperte über eine Wurzel der verhexten Eiche. Sofort schlang sich die Wurzel um sein Hinterbein.

---

2 Lies den Märchenanfang. Notiere alle Verben.

R: S. 59 Nr. 2
lebt, ...

Es lebt vor langer Zeit ein König in einem Schloss.
Der König hat eine schöne, aber oft schlecht gelaunte Tochter.
Sie ist nun alt genug und soll heiraten.
Die Suche nach dem richtigen Prinzen beginnt mit einem Wettkampf.

3 Schreibe den Text in der richtigen Zeitform auf.

R: S. 59 Nr. 3
Es ...

Leseabenteuer und Medienrummel

→ LE S. 154/155

Ein Buch auswählen 1

Ein Klappentext ist eine kurze Zusammenfassung des Buchinhaltes.
Er soll dich neugierig machen.

○ **1** Lies die Klappentexte.

1

A

Als Pony beherrscht Lord Hopper nicht nur die unglaublichsten Tricks, er hat auch eine Leidenschaft für Kriminalgeschichten. Zum Glück steht ihm bei jedem seiner Fälle seine Menschenfreundin Bine zur Seite. Denn zusammen sind die beiden ein unschlagbares Ermittlerteam!

2

B

Ein neues Zuhause?
Das finden die Shetlandponys Schoko und Keks ganz schön blöd! Aber die Chefin hat nun mal beschlossen, dass sie zusammen mit allen anderen Vierbeinern umziehen werden. Doch auf dem neuen Hof stimmt irgendetwas nicht.

3

C

Entdecke die Welt der Pferde und finde heraus, welche Rassen es gibt und wie sie sich unterscheiden. Erfahre, wofür man Pferde früher genutzt hat, und ob es heute noch Wildpferde gibt.

○ **2** Ordne die Klappentexte den Büchern zu.

R: S. 60 Nr. 2
1: ...
2: ...
3: ...

● **3** Welcher Klappentext macht dich neugierig? Begründe.

R: S. 60 Nr. 3
Klappentext ... macht mich neugierig, weil ...

→ LE S. 154/155

Ein Buch auswählen 2

○ **1** Suche dir zwei Bücher aus.

◒ **2** Sieh dir die beiden Bücher genau an.

◒ **3** Übertrage die Tabelle in dein Heft und ergänze die Buchtitel.
Bewerte die einzelnen Punkte.
Male: ● gefällt mir gar nicht
●●●● gefällt mir sehr gut

Lies den Titel.
Ist er spannend?

Sieh dir das Buchcover an.
Wie gefällt es dir?

Lies den Klappentext.
Bist du gespannt auf das Buch?

Lies die erste Seite.
Möchtest du weiterlesen?

Sieh dir die Bilder an.
Gefallen sie dir?

R: S. 61 Nr. 3

	(Titel 1. Buch)	(Titel 2. Buch)
Titel		
Buchcover		
Klappentext		
1. Seite		
Bilder		
Ergebnis		

○ **4** Zähle nun die Punkte. 1 ● = 1 Punkt
Das Buch mit den meisten Punkten gewinnt die Wahl.

→ LE S. 156–159

Ein Lesetagebuch schreiben 1

In einem Lesetagebuch sammelst du Informationen zu einem Buch.
- Schreibe zuerst den Titel, den Autor und den Verlag in dein Lesetagebuch.
- Schreibe vor dem Lesen Vermutungen zu deinem Buch auf.
- Schreibe nach den ersten Seiten deine Gedanken auf.

○ **1** Wähle ein Buch aus.
Lies den Klappentext.

◒ **2** Lege eine Seite in deinem Lesetagebuch an.
Gestalte sie wie im Beispiel.
Fülle diese Seite vor dem Lesen aus.

R: S. 62 Nr. 2

Mein Buch ist ein …
☐ Sachbuch. ☐ Comic. ☐ Bilderbuch. ☐ Kinderroman.

Titel: …
Autor/Autorin: …
Verlag: …
Illustrator/Illustratorin: …

Ich habe dieses Buch ausgesucht, weil …

Der Klappentext verrät mir, dass …

Nach den ersten Seiten denke ich, dass…

→ LE S. 156–159

Ein Lesetagebuch schreiben 2

Nach dem Lesen hältst du im Lesetagebuch deine Gedanken und Ideen zu deinem Buch fest.

- Schreibe in dein Lesetagebuch, worum es in dem Buch geht.
- Gestalte dein Lesetagebuch mit Bildern und eigenen Ideen weiter.

1 Lies dein Buch.
Worum geht es in deinem Buch?
Schreibe eine Zusammenfassung.

R: S. 63 Nr. 1
Zusammenfassung:
In meinem Buch geht es um ...

2 Lies die Ideen für ein Lesetagebuch.

3 Wähle zwei Ideen aus.
Gestalte damit dein Lesetagebuch.

→ LE S. 164–167

Eine Umfrage durchführen

In einer Umfrage befragst du mehrere Personen zu einem Thema.
- Überlege dir verschiedene Fragen zu einem Thema.
- Stelle diese Fragen vielen Personen.
- Notiere die Antworten.
- Wie oft haben die Personen die gleiche Antwort gegeben? Vergleiche.

Die Klasse 3c führt eine Umfrage zum Thema „Medien“ durch.

○ **1** Lies die Fragen.

Habt ihr zu Hause Internet? — A

Hast du ein eigenes Handy? — B

Hast du zu Hause eine Spielekonsole? — C

Gibt es bei dir zu Hause feste Computerzeiten? — D

Hast du schon einmal einen Laptop genutzt? — E

Hast du schon einmal ein Tablet genutzt? — F

Fragen, auf die man mit ja/nein antworten kann, sind einfacher.

○ **2** Übertrage die Tabelle ins Heft und führe die Umfrage durch.
Stelle jede Frage 10 Kindern.
Male für jede Antwort ein Kästchen aus.

R: S. 64 Nr. 2
Frage: A

ja										
nein										

◒ **3** Was haben die Kinder am häufigsten geantwortet?
Vergleicht.

→ LE S. 164/165

Eine Geschichte zu Bildern schreiben

○ **1** Lies den Text und sieh dir die Bilder genau an.

Die Zwillinge Lucy und Bill haben von ihrer Oma
eine Geräuschemaschine zum Geburtstag bekommen.
Heute wollen sie jemandem einen Streich spielen.
Sie verstecken sich im Park hinter einem großen Busch.

◒ **2** Schreibe auf, was Bill und Lucy sagen.

R: S. 65 Nr. 2 z. B.
Bill flüstert: „...

● **3** Wie geht die Geschichte weiter?
Schreibe Stichpunkte für den Hauptteil auf.

R: S. 65 Nr. 3
Hauptteil: –...
–...

Verwende die wörtliche Rede.

Die wörtliche Rede macht deine Geschichte lebendiger. Achte auf die Satzzeichen. Anna rief: „Pass auf!"

◒ **4** Wie endet die Geschichte?
Schreibe Stichpunkte für den Schluss auf.

R: S. 65 Nr. 4
Schluss: –...
–...

● **5** Schreibe die Geschichte in dein Heft.

○ **6** Lies deine Geschichte einem Partner vor.

→ LE S. 168/ 169

Eine Lesekonferenz durchführen

In einer Lesekonferenz tauscht ihr euch über einen Text aus.
- Setzt euch in einer Gruppe zusammen.
- Seht die Überschrift und die Bilder an. Vermutet, worum es in dem Text geht.
- Lest den Text dann leise. Unterstreicht dabei unbekannte Wörter.
- Teilt den Text auf und lest ihn abwechselnd laut vor.
- Klärt die unbekannten Wörter.
- Erzählt den Text mit eigenen Worten nach.
- Überlegt euch W-Fragen zum Text: Wer ...? Wann ...? Was ...? Beantwortet sie zusammen.

○ **1** Die Lesekonferenz findet in einer Gruppe statt.
Sieh dir das Bild an.

Ihr könnt in euren Gruppen auch Rollen verteilen:

*Der **Voraussager** stellt Vermutungen an.*

*Der **Experte** erklärt unbekannte Wörter.*

*Der **Zusammenfasser** fasst den Text zusammen.*

*Der **Gesprächsleiter** achtet darauf, dass ihr die Gesprächsregeln einhaltet.*

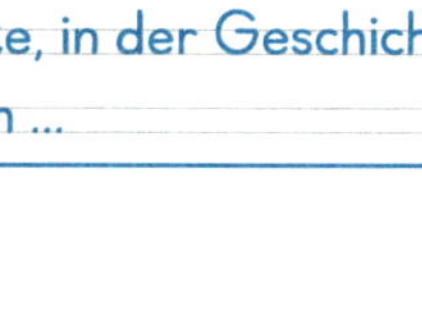

○ **2** Worum geht es in der Geschichte?
Vermute.

R: S. 66 Nr. 2
Ich vermute, in der Geschichte geht es um ...

Ständige Begleiter

◒ **3** Tauscht euch über eure Vermutungen aus.

4 Lies den Text.
Notiere unbekannte Wörter.

R: S. 67 Nr. 4 z. B.
Z6: Apps

Ständige Begleiter

Familie Sommer hat viele Computer. Diese Computer nutzen sie jeden Tag.

Finn Sommer hat ein Smartphone. Damit kann er zu Hause das Internet nutzen. Er spielt am liebsten Spiele. Dafür hat er Apps auf dem Smartphone.

Papa Sommer arbeitet an seinem Laptop. Er schreibt viele E-Mails und recherchiert für seine Arbeit.

Mama Sommer kocht am liebsten mit ihrer Küchenmaschine. Die Maschine kann Rezepte speichern und hat WLAN.

5 Tauscht euch über die unbekannten Wörter aus.

6 Erzählt den Text noch einmal mit eigenen Worten nach.

7 Denke dir W-Fragen zum Text aus.

R: S. 67 Nr. 7 z. B.
Wer ...?
Was ...?
Wann ...?
Wie ...?

8 Notiere auch die W-Fragen der anderen Gruppenmitglieder.

R: S. 67 Nr. 8
weitere W-Fragen: ...

9 Beantwortet eure W-Fragen.

→ LE S. 170

Eine E-Mail planen und schreiben

○ **1** Lies die E-Mail.

1	An:	lina.mumpitz@mumpitz.de	Senden
2	Betreff:	Wochenende	
3	Liebe Lina,		
4	ich möchte gerne meine Verwandten im Zoo besuchen. Hast du Lust mich zu begleiten? Am Samstag um 9 Uhr geht es los! Ich bin gespannt auf deine Antwort.		
5	Viele Grüße		
6	dein Franz		

◒ **2** Ordne die E-Mail-Merkmale richtig zu.

Nachricht	Gruß	Anlass
Anrede	Empfänger	Unterschrift

R: S. 68 Nr. 2
1: Empfänger
2: ...

○ **3** Entwirf eine Antwort-E-Mail.
Übertrage die Vorlage in dein Heft.

R: S. 68 Nr. 3

An:		Senden
Betreff:		

◒ **4** Was antwortet Lina Franz?
Schreibe nun die Nachricht.
Ergänze den Empfänger und den Anlass.
Denke an die Anrede, den Gruß und die Unterschrift.

→ LE S. 170

Fragen zu einem Text beantworten

○ **1** Lies den Text.

Ein Klick! Versendet!

Martin und Leo sind beste Freunde. Im letzten Sommer ist Martin mit seiner Familie nach Indien gezogen. Seitdem schreiben sie sich E-Mails. Leo sitzt am Laptop seines Vaters und liest:

> Lieber Leo,
>
> ich spiele endlich wieder Fußball!
> Meine Mannschaft hat bald ein Auswärtsspiel.
> Dafür müssen wir mit dem Flugzeug fliegen.
> Ich bin schon total aufgeregt!
>
> Dein Martin

Leo antwortet: | Lieber Martin, das ist ja ein Knaller! Ich ...

Die Tür geht auf. Leos kleiner Bruder Paul kommt herein. Er klettert auf Leos Schoß und tippt auf der Tastatur: | MfoenuwrvboÖNECJ!125hdi

Auf einmal bewegt Paul den Pfeil Richtung Senden.
Ein Klick!
Mail versendet steht jetzt auf dem Bildschirm.

Leo muss lachen. Martin wird sich wundern.

◒ **2** Beantworte die Fragen.
Schreibe ganze Sätze.

R: S. 69 Nr. 2
A: Martin und Leo schreiben sich, weil ...
B: ...

A Warum schreiben sich Martin und Leo?

B Wie schreiben sich die beiden Jungen?

C Wie heißt Leos kleiner Bruder?

Das kann ich schon

○ **1** Welcher Klappentext passt zum Titelbild?

R: S. 70 Nr. 1
Die Pony-Bande: ...

A — Auf dem Ponyhof von Bauer Piepenbrink sorgt ein neues Pony für Aufregung. Ohne Vorwarnung stand es auf einmal auf der Koppel bei den anderen. Die Pony-Bande nimmt die Fährte auf und gerät in große Gefahr ...

B — In diesem Buch lernst du etwas über Ponyrassen. Wie viele gibt es, wo leben sie und wofür nutzt man Ponys?

○ **2** Vervollständige den Satz richtig.

R: S. 70 Nr. 2
Dieses Buch ist ein ...

Dieses Buch ist ein ...

Sachbuch. | Kinderroman. | Bilderbuch. | Comic.

Die Zwillinge Luis und Selma haben zum Geburtstag ein Tablet bekommen. Das sollen sie sich teilen.

◒ **3** Schreibe auf, was Luis und Selma sagen.

R: S. 70 Nr. 3
Luis sagt: „...
Selma schimpft: „...

Von Winterfreuden und Sommerdüften

→ LE S. 184/185

Ein Rondell schreiben

○ **1** Lies das Gedicht. Was fällt dir auf?

Herbst

Bunte Drachen tanzen.
Die Blätter färben sich bunt.
Igel suchen ein Versteck.
Bunte Drachen tanzen.
Kinder rennen fröhlich.
Ihre Drachen steigen hoch in den Himmel.
Bunte Drachen tanzen.
Die Blätter färben sich bunt.

◒ **2** Erklärt den Aufbau des Rondells.

◒ **3** Schreibe ein eigenes Rondell.
Übertrage die Vorlage in dein Heft.
Schreibe einen Herbstsatz in die erste, vierte und siebte Zeile.

R: S. 71 Nr. 3
1. ______
2. ______
3. ______
4. ______
5. ______
6. ______
7. ______
8. ______

◒ **4** Ergänze weitere Herbstsätze.
In der zweiten und achten Zeile kann der gleiche Satz stehen.

○ **5** Übertrage dein Rondell auf ein Blatt und gestalte es.

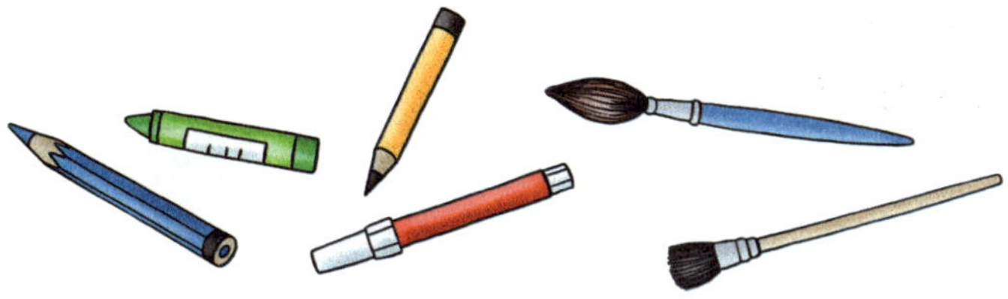

→ LE S. 186/187

Eine Geschichte weiterschreiben

○ **1** Lies den Anfang der Geschichte.

Einleitung

Es wird Herbst.

Die Schwalben sammeln sich am Dorfrand.

Von hier fliegen sie nach Afrika.

Da finden sie genügend Insekten,

um den Winter zu überstehen.

Aber wo ist die kleine Schwalbe?

Hat sie etwa wieder verschlafen?

Die älteren Schwalben sagen: „Wir können doch nicht …

◒ **2** Wie könnte die Geschichte weitergehen? Notiere Stichpunkte für den Hauptteil und den Schluss.

R: S. 72 Nr. 2
Hauptteil: – …
Schluss: – …

◒ **3** Schreibe die Geschichte zu Ende.

R: S. 72 Nr. 3 z. B.
… ohne sie fliegen." …

◒ **4** Schreibe eine passende Überschrift zur Geschichte.

R: S. 72 Nr. 4
Überschrift: …

○ **5** Lies deine Geschichte einem Partner vor.

→ LE S. 188/189

Textabschnitte ordnen

Einen Igel basteln

○ **1** Lege folgende Dinge bereit.

○ **2** Die Anleitung ist durcheinandergeraten.
Schreibe die richtige Reihenfolge auf.

R: S. 73 Nr. 2
WIN ...

HÖH – Klebe auch die Wackelaugen auf das Igelgesicht.

LE – Klebe zum Schluss das fertige Igelgesicht an die spitze Seite des Tannenzapfens.

TER – Schneide für die Igelnase einen kleinen Kreis aus dem braunen Filz. Klebe die Igelnase auf das Gesicht.

WIN – Male als Erstes die Form des Igelgesichtes auf den weißen Filz. Schneide sie aus.

◒ **3** Bastle nun den Igel.

→ LE S. 192/193

Genau lesen

○ **1** Lies genau. Vergleiche mit dem Bild.

1 Die Bäume gehören den Familien Meier, Schmidt und Vogel.
2 Links von Meiers Baum steht der Baum von Familie Schmidt.
3 Der Baum von Familie Meier steht in der Mitte.
4 Der Stern an Vogts Baum ist blau.
5 Der Baum von Familie Meier hat einen großen blauen Stern und vier blaue Kerzen.
6 Der rechte Baum hat einen roten Stern und sieben rote Kugeln.
7 Ein Baum ist mit fünf kleinen goldenen Sternen verziert.

○ **2** Finde die 4 Fehler im Text. Schreibe richtig auf. Schreibe ganze Sätze.

R: S. 74 Nr. 2
Z1: Die Bäume gehören den Familien Meier, Schmidt und Vogt. …

○ **3** Vergleicht eure Ergebnisse.

◒ **4** Male einen eigenen Tannenbaum. Beschreibe ihn.

→ LE S. 194

Wünsche aufschreiben

○ **1** Betrachtet die Sterne.
Was ist das Besondere an den Wünschen?

◒ **2** Überlegt euch Wünsche, die man nicht kaufen kann.
Schreibt sie auf.

R: S. 75 Nr. 2
1. Wunsch: ...
2. Wunsch: ...

○ **3** Vergleicht eure Wünsche miteinander.

○ **4** Wähle einen Wunsch aus
und gestalte einen eigenen Stern.

○ **5** Tragt eure Wunschsterne zusammen
und hängt sie auf.

→ LE S. 195

Eine Geschichte zu einem Bild schreiben

○ **1** Sieh dir das Bild an.

○ **2** Plane deine Geschichte mit Hilfe der Fragen:

R: S. 76 Nr. 2
Wer: ...
Wo: ...
Wann: ...
Was: ...

Einleitung:

Wer ist zu sehen?

Wo spielt die Geschichte?

Wann spielt die Geschichte?

Hauptteil:

Was passiert in der Geschichte?

◒ **3** Schreibe deine Geschichte auf.

R: S. 76 Nr. 3 z. B.
Überschrift: ...
An einem ganz gewöhnlichen
Tag im Regenwald ...

Genau lesen

→ LE S. 196/197

○ **1** Lies den Text sorgfältig durch.

Das Skirennen

Kevin ist sehr aufgeregt. Heute ist das große Skirennen. Er hat eine Woche lang im Skikurs geübt. Er steht am Start und schaut hinunter. Dort sind Stangen in den Schnee gesteckt. Um die soll er möglichst schnell herumfahren. Hoffentlich fällt er nicht hin. Der Skilehrer pfeift und Kevin fährt los. Er saust um die Stangen herum und fällt nicht hin. Nach kurzer Zeit ist er im Ziel. Nur zwei Kinder waren schneller als er. Kevin bekommt eine Medaille und eine Urkunde.

◒ **2** Lies den unteren Text.
Findest du die 5 Fehler, ohne nachzuschauen?
Schreibe sie auf.

R: S. 77 Nr. 2
Z3: ...

Das Skirennen

Kevin ist sehr aufgeregt. Heute ist das große Skirennen. Er hat ein Wochenende lang im Skikurs geübt. Er steht am Start und schaut hinunter. Dort sind Stangen in den Schnee gesteckt. Um die soll er möglichst langsam herumfahren. Hoffentlich fällt er nicht hin. Der Skilehrer klatscht und Kevin fährt los. Er saust um die Stangen herum und fällt nicht hin. Nach kurzer Zeit ist er im Ziel. Nur drei Kinder waren schneller als er. Kevin bekommt einen Pokal und eine Urkunde.

→ LE S. 198/199

Ein Rätsel lösen

1 Wähle zu jeder Frage die richtige Antwort aus.
Schreibe die Wörter untereinander in dein Heft.

R: S. 78 Nr. 1
A: BIENE
B: ...

A Welches Tier summt im Frühling durch den Garten?

SCHMETTERLING | BIENE | (1)

B Welche Pflanze wird zur Pusteblume?

GÄNSEBLÜMCHEN | LÖWENZAHN | (1)

C Welche Blume blüht im Frühling?

KROKUS | SONNENBLUME | (5)

D In welchem Monat beginnt der Frühling?

APRIL | MÄRZ | (1)

E Welches Fest feiern wir im Frühling?

ERNTEDANK | OSTERN | (4)

F Wie nennt man den Frühling noch?

LENZ | FRANZ | (3)

2 Markiere nun den Buchstaben, der im Kreis steht.

R: S. 78 Nr. 2
A: BIENE
B: ...

3 Schreibe die markierten Buchstaben hintereinander auf.
Wie lautet das Lösungswort?

→ LE S. 200/201

Informationen entnehmen: Stadtplan

Henry Hase hat ein Osterei für dich versteckt.

1 Lies den Text Satz für Satz.
Welcher Weg wird beschrieben?

Starte an der Schule.
Laufe am Ententeich vorbei bis zur nächsten Kreuzung.
Biege nun rechts ab. Der Weg geht am Zoo vorbei bis zum Fußballplatz.
Von dort aus läufst du weiter zum Bahnhof.
Laufe am Bahnhof vorbei und biege an der nächsten Ecke rechts ab.
Nun überquerst du die Brücke über den Fluss.
Vor dem Stadion biegst du noch einmal rechts ab.
Kannst du das Ei schon sehen?

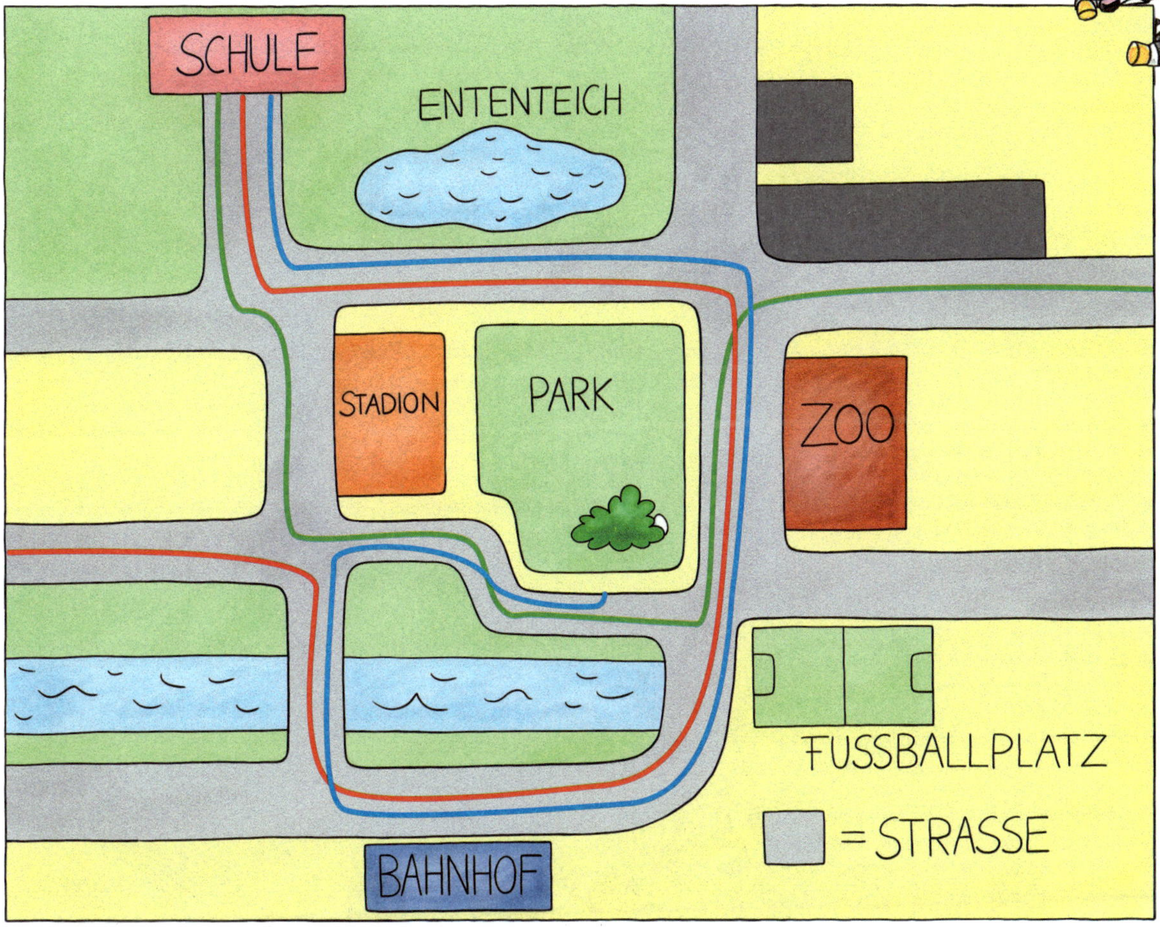

2 Wo ist das Ei versteckt?
Schreibe auf.

R: S. 79 Nr. 2
Das Ei ist ...

→ LE S. 202/203

Ein Gedicht vortragen

○ **1** Lies das Gedicht.

Wer bin ich?

Ein Zauber geht um,
ganz unsichtbar und stumm.
Von seinem warmen
Atemhauch
erwachen Blume,
Baum und Strauch
und alles drum herum.

Was ruht, das macht er wach,
wo's still war, macht er Krach;
Er baggert, scheppert,
klirrt und brummt,
er lacht und zwitschert,
rauscht und summt.
Wie heißt er? Denkt mal nach.

Christa Zeuch

◒ **2** Vertont das Gedicht.
Findet weitere Geräusche.
Schreibt auf.

R: S. 80 Nr. 2	
baggern	mit der Hand kleine Steine aufheben und fallen lassen
scheppert	...

● **3** Trage das Gedicht betont vor.
Dein Partner macht die Geräusche.

→ LE S. 204/205

Eine Anleitung schreiben

1 Schreibe die Anleitung für den „Frühling im Karton" auf. Vervollständige die Sätze.

R: S. 81 Nr. 1
Zuerst schneide ich
...

Für den „Frühling im Karton" brauchst du:
- einen Eierkarton für 6 Eier
- 6 halbe Eierschalen
- etwas Moos
- zwei Teelichter
- eine Schere
- Farben für den Eierkarton

Zuerst schneide ich ...

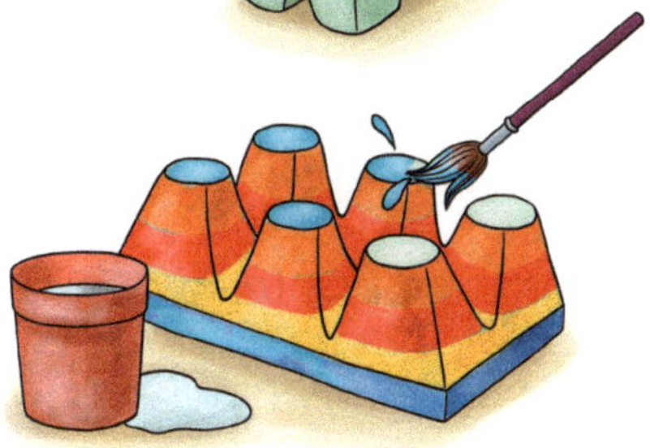

Dann male ich ...

Jetzt fülle ich ...

Nun kann ich ...

Am Schluss ...

2 Bastle nun den „Frühling im Karton".

→ LE S. 208/209

Fragen zu einem Text beantworten

○ **1** Lies den Text.

Sandburgenwettbewerb

Mit Sand und Wasser kannst du am Strand tolle Sandburgen bauen. Dafür gibt es zwei Techniken: die Kleckertechnik und die Schnitztechnik.

Die Kleckertechnik ist einfach. Du brauchst dafür nur nassen Sand. Mische den Sand mit Wasser. Lasse den nassen Sand auf den Boden klecksen. Es entstehen immer höhere knubbelige Türmchen.

Die Schnitztechnik ist etwas komplizierter. Du brauchst dafür feuchten Sand, Löffel, Messer oder Sandspielzeug. Schichte zuerst einen großen, feuchten Sandberg auf und klopfe ihn fest. Schnitze dann vorsichtig Türme, Tunnel und Brücken aus dem Sandberg. Halte deine Sandburg während der Bauphase immer feucht, zum Beispiel mit einer Sprühflasche. Wenn du fertig bist, kannst du deine Burg mit Muscheln, kleinen Steinen, bunten Algen oder Stöckchen verzieren. Auf die Schippe, fertig, los!

◒ **2** Beantworte die Fragen zum Text. Schreibe ganze Sätze.

R: S. 82 Nr. 2
A: Für eine Sandburg brauche ich ...
B: ...

A Welches Material brauchst du, um eine Sandburg zu bauen?

B Wie heißen die beiden Techniken für den Bau von Sandburgen?

C Welche Technik für den Sandburgenbau gefällt dir besser? Begründe.

3 Wie könnte deine Sandburg aussehen?
Male in dein Heft.

4 Wie sieht deine Sandburg aus?
Beschreibe sie möglichst genau.

R: S. 83 Nr. 4
Meine Sandburg ...

5 Sieh dir die Bilder an.

6 Beschreibe eines der Strandbilder möglichst genau.

7 Findet dein Partner heraus, welches Strandbild du beschrieben hast?

→ LE S. 210/211

Hausaufgaben für die Sommerferien

○ **1** Lies die Hausaufgaben für die Sommerferien.

◒ **2** Überlegt euch selbst lustige Hausaufgaben. Schreibt sie auf Klebezettel und gestaltet ein Plakat.

◒ **3** Welche Aufgaben gefallen euch besonders gut? Tauscht euch aus und wählt drei für eure Ferien aus.

das Buch
der Stift
der Füller
der Radiergummi
der Griffel
die Schiefertafel
der Tornister
die Schuluniform
das Hemd
die Bluse
der Rock
die Hose

der Ausflug
der Bus
der Tierpark
der Rucksack
spielen
schwimmen
springen
lernen
laufen
klettern
essen
rechnen

das Haar
der Zopf
der Kamm
die Brille
lockig
glatt
das Rezept
die Kiwi
die Orange
der Joghurt
schneiden
halbieren

schälen
mixen
pürieren
backen
der Fußball
die Mannschaft
der Trainer
blind
führen
mutig
schüchtern
angeln

Meine Wörter

●	die Familie
●	der Onkel
●	die Tante
●	der Freund
●	die Freundin
	die Großeltern
	streiten
	vertragen
●	das Haus
●	die Wohnung
	wohnen
●	der Platz

●	die Wasserrutsche
	toll
	heiß
●	die Geste
●	die Sprache
	flüchten
	aufnehmen
	sprechen
	traurig
	wütend
	fröhlich
	vorsichtig

●	die Wettervorhersage
●	die Sonne
●	der Regen
●	der Schnee
●	die Wolke
	schön
	windig
●	das Wasser
●	die Pfütze
●	der Teich
	plätschern
	fließen

●	der Käfer
●	das Insekt
	krabbeln
	schnell
	quaken
●	der Schmetterling
●	die Brennnessel
●	das Blatt
●	die Libelle
	fliegen
●	der Biber
	schwimmen

●	das Märchen
●	der Zauberer
●	die Hexe
●	der Ritter
●	die Burg
●	das Schloss
●	der Wald
●	der Berg
●	der Fluss
	freundlich
	böse
	arm

	reich
	ehrlich
	zaubern
	platzen
●	das Publikum
●	der Luftballon
●	die Steinzeit
●	der Faustkeil
●	das Mammut
●	das Metall
●	das Werkzeug
●	das Feuer

●	das Buch
●	der Klappentext
●	das Cover
●	das Sachbuch
●	der Comic
●	das Bilderbuch
●	der Kinderroman
●	das Lesetagebuch
	schreiben
	eintragen
	notieren

	malen
●	das Internet
●	das Handy
●	der Laptop
●	der Computer
●	die E-Mail
	planen
	entwerfen
	speichern
	versenden
●	das Geräusch

Herbst	
●	der Drachen
	hoch
	steigen
●	das Blatt
	bunt
	färben
●	der Tannenzapfen
●	der Igel
	verstecken
●	die Schwalbe
●	der Wind

Winter	
●	das Weihnachten
●	der Weihnachtsbaum
●	der Stern
●	die Kugel
●	der Wunsch
	wünschen
●	das Iglu
●	der Schlitten
●	der Schneemann
●	der Schnee
●	das Skirennen

Frühling	
●	das Ostern
●	das Osterei
	suchen
●	das Moos
●	der Eierkarton
●	das Teelicht
●	der Mai
●	die Tulpe
●	der Krokus
●	die Narzisse
●	der April

Sommer	
●	der Sand
●	die Sandburg
●	der Strand
●	der Tunnel
●	der Turm
●	die Muschel
●	das Stöckchen
●	der Stein
	klecksen
	verzieren
	kompliziert